Matteo Bussola

Schlaflose Nächte und Küsse zum Frühstück

Aus dem Leben eines Familienvaters

Aus dem Italienischen
von Ingrid Ickler

PENGUIN VERLAG

Die italienische Originalausgabe erschien 2016 unter dem Titel
»Notti in bianco, baci a colazione« bei Einaudi, Turin.

FSC
www.fsc.org
MIX
Papier aus verantwortungsvollen Quellen
FSC® C083411

Verlagsgruppe Random House FSC® N001967

PENGUIN VERLAG

1. Auflage 2017

Umschlaggestaltung und -motiv: www.buerosued.de
Redaktion: Brigitte Lindecke
Satz: Fotosatz Amann, Memmingen
Druck und Einband: CPI books GmbH, Leck
Printed in Germany
ISBN 978-3-328-10164-2
www.penguinverlag.de

Dieses Buch ist auch als E-Book erhältlich.

Für sie

Mein Beruf: Vater.
Mein Job: Comiczeichner.
Meine Leidenschaft: Schreiben.

Zeichnen liegt mir im Blut, zum Vater haben mich meine drei wunderbaren Töchter erzogen, die mittlerweile neun, fünf und drei Jahre alt sind. Und geschrieben habe ich schon immer gerne.

Dieses Buch ist die Synthese aus Beruf und Leidenschaft. Eine Art Tagebuch, in dem ich persönlich Erlebtes, spontane Gedanken und dies und das aus dem Alltag mit meinen Töchtern gesammelt habe. Sie wachsen, und ich mit ihnen, als ob das Vatersein einen besseren Menschen aus mir gemacht hätte, der sich auch beruflich mehr zutraut und ein aufmerksamerer Lebenspartner geworden ist. Allerdings auch ein müder Lebenspartner. Zum Glück trifft das auch auf Paola, die Mutter meiner Kinder, zu: Gemeinsam etwas aufzubauen, kostet eben Kraft.

Virginia, Ginevra und Melania sind die Brille, durch die ich die Welt betrachte. Sie haben meinen Blick verändert, mir eine neue Sichtweise geschenkt, selbst auf die Vergangenheit, auf das, was vor ihnen war. Man nennt das wohl »die Dinge aus einem anderen Blickwinkel betrachten«. Vieles ist schlicht eine Frage der Perspektive, die uns neue Horizonte eröffnet und uns verstehen lässt, dass wir, indem wir unsere Sicht auf die Dinge verändern, auch die Dinge selbst verändern. Und dass die unvorstellbarsten Dinge geschehen können, weil du an einem bestimmten Punkt, vielleicht ohne dir dessen bewusst zu sein, einen neuen Weg eingeschlagen hast. Und wenn der richtige Moment gekommen ist, musst du deine Angst überwinden und springen. Für mich war dieser Moment das Vaterwerden.

In meinem Leben mit chronischem Schlafmangel bin ich Vater, Kind, Freund, Koch, Gitarrist, Gärtner, Zeichner, Geliebter, Tellerwäscher, Bauklotzarchitekt und vieles mehr. Tag für Tag und immer in einer anderen Reihenfolge. Aber ich habe festgestellt, dass das Vatersein die einzige Rolle ist, die mich voll und ganz erfüllt.

Jeden Tag lerne ich etwas Neues, und dieses neue Wissen hilft mir, mein übriges Leben zu meistern. Meine Töchter geben mir Energie und erinnern mich daran, was Vatersein bedeutet: Das Gleichgewicht zu finden zwischen Verantwortung und Loslassen, zwischen Strenge und Zärtlichkeit. Und diese Maxime gilt für mein ganzes Leben. Was mir meine Töchter nicht beibringen, kommt von allein.

Winter

Was wiegt ein Elefant?

Es war im Januar 2007, ein Samstag wie heute, die Wolken hingen tief am Himmel.

Ich war im Krankenhaus, sah Ärzte an mir vorbeieilen, starrte auf Garderobenständer und Kaffeeautomaten. Ich würde zum ersten Mal Vater werden, und dieser Umstand sorgte dafür, dass ich mich nicht wie ich selbst fühlte, sondern wie ein Zuschauer im Leben eines anderen.

Es war Abend, und ich saß im Warteraum. Niemand rauchte. In den Filmen rauchen sie immer, dachte ich. Aber auch ich rauchte nicht. Was ebenfalls dazu beitrug, dass ich die Szenerie wie im Traum wahrnahm, wie durch einen Filter und in Zeitlupe.

Dieser Filter war ich selbst. Oder besser gesagt, meine ursprüngliche Vorstellung von mir, mein altes Leben, meine Lebensphilosophie, alles, was sich von nun an verändern und auf mich einprasseln würde wie schwere Tropfen aus Gewitterwolken.

Paola wirkte entspannt, während ich mir vorkam wie ein Betrunkener, der ein Glas zu viel hatte. Ich hatte ein seliges Lächeln auf den Lippen, um mich herum schien sich alles zu drehen. Die anderen im Warteraum mussten denken, ich hätte sie nicht alle.

Die Krankenschwester sagte erst, das Kind käme um acht, dann um neun, dann um zehn, dann um elf und schließlich spielte Zeit keine Rolle mehr.

Die Nacht wollte kein Ende nehmen. Während der langen Stunden des Wartens begegnete ich all meinen Ängsten und meiner Ohnmacht, meine Gefühle fuhren mit mir Achterbahn. Und schließlich entlud sich die ganze Anspannung in unbändiger Freude.

Während ich das hier schreibe, wird mir klar, dass ich eigentlich gar keine Lust habe, diese Situation zu Papier zu bringen, diese Angst und die ihr innewohnende Kraft. Es ist schlichtweg unmöglich, oder zumindest bin ich nicht dazu in der Lage. Dazu kommt, dass es hier um ganz persönliche Erlebnisse geht, die für jeden, der sich schon einmal in der gleichen Situation befunden hat, höchst unterschiedlich sind. Für mich wird diese an sich natürlichste Sache der Welt immer etwas ganz Besonderes bleiben.

Was will ich eigentlich damit sagen? Warum tippe ich diesen Text hektisch in mein iPad, während ich die Kinder für den Kindergarten und die Schule fertig mache? Es ist die Erkenntnis, dass es im Leben eines Mannes zwei elementare Lebensphasen gibt: das Vorher und das Nachher.

Das Vorher und das Nachher ist bei jedem anders. Ich kenne Menschen, die haben sich im Nachher getrennt, andere haben geheiratet. Manche haben ihren Traumberuf gefunden, manche einfach nur einen Job. Einige sind mit »Ärzte ohne Grenzen« nach Haiti gegangen. Ich erinnere mich an einen alten Mann, den ich bei unserem Gespräch am liebsten die ganze Zeit im Arm gehalten hätte. Er hat mir erzählt, dass sein Nachher die Befreiung durch die Amerikaner gewesen sei und dass es Dinge gebe, die alle Nachhers auslöschen und viele Vorhers verdunkeln.

Wenn du Vater wirst, wiegt dein Nachher etwa dreieinhalb Kilo. Du begreifst sofort, dass das ein endgültiges Nachher ist, das einzige in deinem Leben, von dem es kein Zurück mehr gibt. Auch wenn du es noch so sehr willst, deine Zukunft eigentlich ganz anders geplant hattest: Dieses Nachher bleibt.

Und es verändert dich, vom ersten Tag an. Du spürst es in Armen und Beinen, wie eine Metamorphose, auch wenn du die Veränderung nicht genau in Worte fassen kannst.

Heute hat mein Nachher insgesamt etwa sechzig Kilo. Ich bringe die drei jeden Tag in Schule und Kindergarten und auch sonst überallhin. Ich bewege mich nicht mehr wie eine Gazelle, sondern wie ein Elefant.

Die Gazelle steht jeden Morgen auf, weil sie weiß, dass es den Löwen gibt. Und der Löwe tut das Gleiche, weil er weiß, dass es die Gazelle gibt.

Dem Elefanten dagegen ist das egal. Er flieht vor niemandem, und niemand flieht vor ihm. Der Elefant steht auch nach nur zwei Stunden Schlaf pflichtbewusst auf und tut, was getan werden muss. Klar, er ist der Elefant, ihm kann keiner was. Er beschränkt sich auf das Wesentliche und bewegt sich bedächtig und vorsichtig, auch in Porzellanläden.

Aber wenn er sich bewegt, dann nicht wegen der Löwen oder der Gazellen.

Er tut es, weil er zum Elefanten geworden ist. Mit Virginias Geburt hat das Nachher begonnen. Und dieses Elefanten-Nachher ist das einzige Nachher, das gleichzeitig auch ein Vorher ist, Beginn und Ende zugleich, alles zurück auf Anfang, Vorher und Nachher verschmelzen zu einem Jetzt.

Warum Kinder in die Schule müssen

Ich sitze mit Ginevra und Melania im Auto und fahre sie in den Kindergarten, nachdem wir Virginia zum Schulbus gebracht haben.

»Papa, warum müssen Kinder in die Schule?«

»Weil es eben so ist, Ginevra.«

»Aber *warum* ist es so?«

»Weil das ihr Job ist. Der Job von Mamas und Papas ist die Arbeit, Kinder arbeiten in der Schule.«

»Aber wenn Kinder arbeiten, warum bekommen sie dafür kein Geld?«

»Sie bekommen doch Geld, die Mamas und Papas heben es für sie auf. Und wenn sie groß sind, bekommen sie es zurück.«

»Wie viel Geld?«

»Viel. Und wenn die Kinder gut in der Schule sind, sogar noch etwas mehr.«

»Mehr als ein Euro?«

»Ähm, klar, viel mehr.«

»Wie viel?«

»Zehn Euro.«

»Zehn Euro? So viel?«

»Ja.«

»Papa, zeigst du mir mein Geld, wenn wir wieder zu Hause sind?«

Ich denke mir: Gut, dass ich nicht fünfhundert gesagt habe.

»Klar.«

»Sag mal, bekommst du für deine Arbeit auch Geld, Papa?«
»Natürlich.«
»Auch zehn Euro?«
»Nein, ich bekomme mehr. Ich bin ja schon groß.«
»Und wie viel?«
»Zwanzig Euro.«
»Zwanzig? So viel Geld?«
»Na ja, Ginevra, so viel ist das nun auch wieder nicht.«
»Jawohl! Du bist reich, oder?«
Ich betrachte sie im Rückspiegel. Ich sehe ihre strahlenden Augen, neben ihr sitzt Melania und lutscht an ihrer Antirutschsocke.
»Ja, das bin ich wirklich.«

Das Fest

Paola ist auf Geschäftsreise, die beiden Kleinen sind bei den Großeltern, und Virginia und ich sind alleine zu Hause.

Gestern habe ich sie auf eine dieser furchtbaren Grundschul-Geburtstagsfeten begleitet. Gefeiert wurde im Keller des Gemeindehauses, das der Pfarrer freundlicherweise zur Verfügung gestellt hatte. Die Atmosphäre war wie aus einem Horrorfilm: die Decke kaum zwei Meter hoch und anstelle von Fenstern nur Lichtschächte. An der Wand hingen ein paar zerknitterte Girlanden, daneben ein »Herzlichen Glückwunsch Mar a na«, die beiden fehlenden Buchstaben hatten die Kinder schon abgerissen. Die Mütter drängten sich wie aufgeregte Hühner in der hintersten Ecke des Raums, direkt neben dem Klo und einem niedrigen Tisch mit Chips und Flips.

Als ich den Raum betrat, starrten sie mich an wie einen halb nackten, betrunkenen Hunnen, der in ihr Idyll geplatzt war. Außer mir kein Vater weit und breit. Die Schockstarre dauerte allerdings nur einen winzigen Augenblick, denn im Grunde mögen mich Mütter.

Nach etwa drei Minuten erzählte mir Maria Carla von ihren Nackenproblemen, Mattias Mutter meinte, ich würde diesem, na, ich wüsste schon wem, ähnlich sehen, und die Mama des Geburtstagskinds brachte mir ein Salamibrötchen.

Ich wäre am liebsten gestorben. Vorausschauend hatte ich die Schuhe anbehalten und den Reißverschluss der Lederjacke bis unters Kinn gezogen, weltweit bekannte Zeichen für: »Ich lasse meine Tochter hier und hole sie später wieder ab, macht euch keine Illusionen, draußen steht mein Auto, der Motor läuft, und ich habe eine Leiche im Kofferraum.« Aber keine Chance. Sie hatten mich fest im Griff. Eine halbe Stunde lang musste ich ihr Geschwätz ertragen. Dann doch lieber dreißig Minuten Presslufthammer.

Und als ich mich endlich von Virginia verabschiedet und ihr ins Ohr geflüstert hatte: »Amüsier dich gut, ich hole dich um sieben wieder ab!«, kam der mit zwei Tabletts voller Sandwiches beladene Vater des Geburtstagskinds herein. Er warf mir einen Blick zu, der an einen durchnässten Streuner nach einem Sommergewitter erinnerte: »Du Mistkerl, wohin willst du? Du kannst mich doch mit denen nicht alleine lassen! Es gibt für Fälle wie diesen ein ungeschriebenes Gesetz unter den Männern dieser Welt, und das weißt du auch, du bleibst verdammt noch mal hier, und wir stehen das gemeinsam durch, wie Brüder.« Ich erwiderte den Blick und giftete zurück: »Vergiss es, das ist dein Fest, und ich kann mich nicht erinnern, dich bei Virginias Geburtstagsfeier bei uns zu Hause gesehen zu haben. Deine Tochter schon. Du kannst von Glück sagen, dass ich dir kein Bein stelle und du nicht mitsamt den Sandwichs auf die Fresse fällst.« Und seine Augen bettelten: »Na gut, das war nicht in Ordnung. Gib deinem Herzen einen Ruck, jeder macht mal einen Fehler. Außerdem habe ich von dem Fest bei dir nichts gewusst, meine Frau hat bestimmt die Einladung vor mir versteckt, entschuldige.« Ich habe mich schließlich erweichen lassen, bin auf ihn zugegangen, habe ihm ein Tablett abgenommen und auf den Tisch gestellt. Dann zwinkerte er mir komplizenhaft zu, stieß mir den Ellbogen in die Seite und sagte: »Bierchen? Was meinst du?« Und bereits beim »Bie«

spürte ich einen Luftzug, weil sich vierundzwanzig Mütter zu ihm umdrehten und ihn mit Blicken durchbohrten, als hätte er in der Kirche, pardon, im Gemeindehaus, geflucht. »Schäm dich, Bier auf einem Kindergeburtstag!« Diese Chance durfte ich mir nicht entgehen lassen, ich legte ihm mitfühlend die Hand auf den Arm und sagte: »Danke, aber ich habe zu Hause eine Minestrone auf dem Herd stehen, und einkaufen muss ich auch noch.« Schlagartig verwandelten sich die vierundzwanzig anklagenden Blicke in gerührt schimmernde Augenpaare, und als ich an ihnen vorbeiging, schienen mich achtundvierzig Augenbrauen zu streicheln, denn die Mütter hatten gerade einen Mann das Wort »Minestrone« sagen hören, und zwar in Kombination mit »ich« und »zu Hause auf dem Herd«.

Ich küsste Virginia auf die Stirn, verabschiedete mich ein zweites Mal und stand endlich draußen in der kühlen Abendluft. Während ich zum Auto ging, warf mir ein Junge einen Knallfrosch zwischen die Füße, sodass ich vor Schreck fast gestürzt wäre. Eine Warnung des Vaters? »Komm gefälligst wieder rein, oder es wird ein böses Ende nehmen, vergiss nicht, wir haben deine Tochter!«

Aber ich ließ mich nicht einschüchtern, stieg entschlossen ins Auto und fuhr direkt in den Supermarkt, wo ich wie ein emanzipierter Mann den Einkauf erledigte. Dann fuhr ich nach Hause, machte den Abwasch, beantwortete drei Mails, fütterte die Hunde, und schon war es wieder Zeit, Virginia abzuholen.

»Hat es Spaß gemacht?«, fragte ich, als ich ihr half, den Mantel anzuziehen.

»Ja, Papa. Machst du heute Abend Pizza?«

»Heute Abend ist es zu spät, der Teig wird nicht mehr fertig, aber morgen, versprochen.«

Ich lächelte sie an, wir verabschiedeten uns, und während wir die Treppe hochrannten, sah uns Maria Carla nach, als wollte sie sagen: »Nehmt mich mit, zur Not auch im Kofferraum, neben der Leiche.« Die Mutter des Geburtstagskinds schrie ihren Mann an, weil er gerade das letzte Mortadellabrötchen gegessen hatte. Ohne vorher zu fragen.

Der erste Zahn

Ginevra hat gestern ihren ersten Milchzahn verloren. Stolz präsentiert sie allen ihre Zahnlücke vorne und sagt begeistert: »Schau mal!«, als hätte sich etwas Entscheidendes in ihrem Leben verändert. Melania ist eifersüchtig und hat die ganze Nacht auf meinem Bauch geschlafen und mich dabei ständig ins Gesicht geboxt. Nach dem Aufwachen wollte sie ihre Milch erst nicht, dann doch, und als sie fast fertig angezogen war, beschloss sie, dass sie keine Hose und auch keine Schuhe brauchte. Bei den Schuhen habe ich nachgegeben und sie schließlich die Treppe zum Kindergarten hochgetragen, wobei ich mit den Händen ihre Füße wärmte. Als ich sie der Kindergärtnerin in den Arm drückte, begann sie so heftig zu weinen, als würde sie mich nie wiedersehen. Ich hatte ein furchtbar schlechtes Gewissen, aber die Zeit drängte, ich musste Ginevra in die Vorschule bringen und konnte nicht bleiben. Auf der Treppe schaute Ginevra mich an.

»Papa, weißt du, warum Melania so geweint hat?«, fragte sie.

»Ich glaube, sie vermisst die Mama ein bisschen. Aber heute kommt sie ja wieder, und dann wird es sicher besser.«

»Nein«, widersprach sie.

»Nein?«

»Nein«, wiederholte sie, »Meli weint, weil sie ihre Wut entdeckt hat.«

Ich blieb auf der Treppe stehen, verblüfft darüber, wie scharfsinnig und unumstößlich ihr Urteil war.

»Woher willst du das wissen, Ginevra?«

»Weil ich jetzt groß bin«, antwortete sie.

Sie lächelte mich an und zeigte selbstbewusst ihre Zahnlücke. Wieder eine Etappe, die zu Ende ist, dachte ich. Als die Mama wieder zu Hause war, bat Ginevra sie um das Geschenk von der Zahnfee, denn sie wusste schon lange, wer für die Geschenke der Fee zuständig war. Heute Nacht wird Paola es ihr unters Kopfkissen legen, da bin ich sicher. Gestern hat Ginevra auch mich nach dem Geschenk vom Zahnkobold gefragt. Sie weiß, dass der Zahnkobold sehr großzügig ist. Aber das wissen die Zahnfeen nicht.

Garrett
(oder: Vom gesunden Menschenverstand)

Wir haben zwei Hunde. Vor einigen Jahren waren es noch fünf, aber dann kamen uns drei Kinder dazwischen.

Der Größere der beiden heißt Garrett, zu Ehren eines gemeinsamen Freundes, der damals, als wir ihn bekamen, beim Lucca Comics Festival eine Serie von Kurzcomics mit diesem Titel vorgestellt hat.

Garrett ist ein toskanischer Schäferhund, und ich habe ihn bei ebenjenem Festival adoptiert. Paola war gerade mit Virginia schwanger und wollte abseits des Trubels zu Mittag essen. Kurz entschlossen fuhren wir aufs Land und stellten fest, dass es auch außerhalb der Stadtmauern Spuren von Zivilisation gab. Wir fanden ein nettes Lokal namens ScusaAmeri, wo Paola einen gemischten Wurstteller mit Pommes bestellte. Das Lokal gibt es übrigens heute noch, ich habe das überprüft. Während der Schwangerschaft aß sie keinen Salat, ich erklärte mich solidarisch und verzichtete ebenfalls darauf, obwohl ich nicht schwanger war.

An der Wand hinter mir hing eine Pinnwand mit Kleinanzeigen. Zwischen »Verkaufe Tuareg-Motorrad, Baujahr 1986, wie neu« und »Gibt's Gott oder nicht?« entdeckte ich das Foto eines Hundes mit einer witzigen Schnauze, der aussah wie eine Mischung aus einem Trüffel und Fozzie Bär aus der »Muppet Show«. Paola nahm die Anzeige ab, ihre Augen schimmerten feucht. Unter dem Foto stand: »Welpe, drei Monate alt, sucht neues Zuhause. Ich kann ihn nicht mehr behalten, und wenn ich niemanden finde, muss er ins Tierheim.« Danach folgte die Telefonnummer einer gewissen Eleonora.

Zu dieser Zeit hatten wir bereits drei Hunde. Nicht zuletzt deshalb waren wir in ein ziemlich baufälliges altes Haus mit riesigem Garten gezogen.

Paola sah mich mit großen Augen an. Ich hatte irgendwo gelesen, dass es besser war, schwangeren Frauen keinen Wunsch abzuschlagen. Ich dachte an die fünfzehnhundert Quadratmeter Fläche und die mächtigen alten Pinien. Und an meine Eltern, die empört sagen würden: »Was? Ihr habt doch schon drei!« Und an die Scheißhaufen, die ich zusätzlich zu entsorgen hätte. Und ich dachte an unsere Tochter, die bald auf die Welt kommen und unser Leben derart durcheinanderwirbeln würde, wie wir es uns jetzt nicht einmal ansatzweise vorstellen konnten. Und dennoch: Mit einem Anflug von Liebe und Zärtlichkeit sinnierte ich: »Ein Haufen mehr oder weniger? Was soll's!«

»Na gut, ruf an.«

»Soll das ein Witz sein?«

»Nein, ruf an. Wir können ihn uns zumindest mal anschauen.«

Paola schlang mir die Arme um den Hals und rief an, vielleicht war es auch in umgekehrter Reihenfolge.

Keine Viertelstunde später hielt der Ford Fiesta einer jungen Frau vor uns. Sie öffnete den Kofferraum, und der Welpe vom Foto sprang heraus. Süß, niedlich, in einem Satz: der schönste Hund der Welt. An ihm stimmte einfach alles, außer den riesigen Pfoten, die nicht so richtig zum Rest des Körpers passen wollten. Einen Moment lang blickte ich Paola verwirrt an.

»Aber der bleibt schon so, oder?«, fragte ich.

»Ähm – ja. Doch. Das ist eine ziemlich kleine Rasse …«, antwortete Paola etwas zögerlich.

»Ah, na gut.«

Wir bedankten uns bei der jungen Frau, Küsschen, Austausch von Telefonnummern und Adressen und so weiter. Ehe wir wussten, wie uns geschah, hatten wir einen Hund, unseren vierten.

Auf der Rückfahrt von Lucca nach Hause benahm sich Garrett vorbildlich. Kein Bellen, kein Knurren, kein Pipi im Auto. Er saß mit einem seligen Ausdruck auf dem Rücksitz, genau wie Fozzie Bär.

Zu Hause angekommen, beschnupperte er misstrauisch seine zukünftigen Gefährten, dann pinkelte er als Willkommensgruß erst einmal auf den Teppich.

»Er ist eben noch ein Baby, das muss er noch lernen«, sagte Paola.

Am nächsten Tag kackte er ins Büro.

Von solchen kleinen Unfällen einmal abgesehen, lebte sich Garrett schnell ein. Lana ignorierte ihn komplett, Skippy auch, außer wenn Garrett versuchte, auf ihn zu klettern, während sich unsere Hündin Lippa über den neuen Spielgefährten freute. Binnen zwei Wochen war Garrett genauso groß wie sie. Nach drei Monaten war er ein Koloss von fünfunddreißig Kilo, mit Flausen im Kopf und einer nächtlichen Leidenschaft für Katzen. Berühmt-berüchtigt in der ganzen Nachbarschaft.

Er durchstreifte das hohe, ungemähte Gras bei uns im Garten, hielt die Ohren in den Wind und verfolgte alles, was sich bewegte: Amseln, Bienen, Schmetterlinge, Briefträger.

Das Allergrößte für ihn aber war der Mittwochnachmittag. Er war immer pünktlich, setzte sich am Zaun in Position und wartete. Nach einer Weile kam ein Mädchen auf dem Fahrrad, etwa acht oder neun, ich habe sie nicht gefragt. Garrett sprang mit seinen riesigen Pfoten auf das niedrige Mäuerchen und reckte mit stolzgeschwellter Brust seinen Kopf. Das Mädchen ließ das Rad zu Boden fallen, sprang auf das Mäuerchen und umarmte ihn innig.

Ich beobachtete das Ganze vom Bürofenster aus, und ich hatte das gute Gefühl, dass ich, auch wenn ich schon morgen sterben sollte, in meinem Leben wenigstens ein Wesen glücklich gemacht hatte. Das konnte mir niemand mehr nehmen. Und das nur, weil ich, ohne nachzudenken, gegen das gehandelt hatte, was man gesunden Menschenverstand nennt.

Nach dem gleichen Prinzip habe ich mich mit flatternden Nerven entschieden, meinen Job zu kündigen und Comiczeichner zu werden. Im Jahr darauf haben wir unsere Hündin Cordelia aufgenommen und nach einer Figur aus »Anne auf Green Gables« benannt. Und schließlich haben wir uns, warum auch immer, entschieden, ein zweites und sogar ein drittes Kind zu bekommen. Schlaf wird ohnehin überbewertet.

A!

Melania ist fast zwei, aber das einzige Wort, das sie sagt ist: »A!«

Unsere Große beherrschte schon mit einem Jahr Zungenbrecher wie: »Brautkleid bleibt Brautkleid und Blaukraut bleibt Blaukraut.«

Die Mittlere konnte mit dreizehn Monaten Shakespeare rezitieren.

Melania aber ist das egal. Wozu auch sprechen, wenn sich die ganze Welt mit einem einzigen Vokal beherrschen lässt? Unglaublich, aber wahr, sie kann sich mit »A!« immer und überall verständigen, sie muss nur den Tonfall verändern.

Beispiel gefällig?

»A!« (Hallo!)

»Aa!« (Nimm mich gefälligst auf den Arm!)

»AaA!« (Ich habe doch gesagt, du sollst mich auf den Arm nehmen, SOFORT!)

»AaaaaaaaaAAAA!« (Wie schön!)

»AAAAAAAAAAAAAAAAAA!« (Igitt!)

»AaaaaaAA.A!« (Hunger!)

Und so weiter und so fort.

Die einzige Ausnahme in ihrer fabelhaften Welt der Vokale ist Wasser. Wenn Melania Wasser möchte, sagt sie »snasa«. Sie rümpft die Nase, verzieht die Augen zu Schlitzen, atmet hastig ein und aus und sieht dabei aus wie ein schnüffelnder Spürhund. Das heißt: »Ich habe Durst.«

In dem Kindergarten, in den sie jeden Tag geht, sind auch größere Kinder, die schon sehr gut sprechen. Wir hatten die Hoffnung, dass Melania sich von ihnen inspirieren lassen und ihren Wortschatz erweitern würde (nicht den Tonfall, sondern das Vokabular). Resultat? Jetzt sagen alle Kinder, auch die größeren, »snasa«, wenn sie etwas trinken möchten.

Paola und ich geben natürlich nicht offen zu, dass wir die Situation eigentlich ganz witzig finden. Denn diese »Entwicklungsverzögerung« weckt bei uns die Illusion, dass wir noch ein ganz kleines Kind haben und wir uns somit jung fühlen können. Aber davon abgesehen rennt Melania schnell wie der Blitz, futtert wie ein Scheunendrescher, klettert wie ein Affe auf jedes Regal und erreicht alles, was sie will. Sie kann alleine Oma und Opa anrufen, und letzte Woche hat sie mit einem von Paola gemopsten Buntstift das Sofa vollgemalt. Unsere jüngste Tochter könnte das Double von Stewie Griffin aus der Zeichentrickserie »Family Guy« sein. Natürlich als weibliche Ausgabe, versteht sich.

Der Fotoapparat

Wir haben Virginia eine gebrauchte Digitalkamera geschenkt. Das war vor etwa einer halben Stunde. Seitdem hat sie mindestens dreißig Fotos von mir und bestimmt zwanzig von Melania gemacht. Bereits nach dem fünften Foto war ich fast blind. Beim fünfundzwanzigsten hat sie herausgefunden, wie man den Blitz ausschaltet. Inzwischen hat sie die Videofunktion entdeckt und macht ein Interview mit mir, während ich auf dem iPad schreibe. Ein Interview der besonderen Art.

»Signor Bussola, fühlen Sie sich in diesem Haus wohl?«

»Ja.«

»Und sind Sie glücklich mit Ihren drei Töchtern?«

»Sehr.«

»Und sind Sie glücklich mit der Mama, die wir haben?«

»Unbedingt.«

»Sehr schön, jetzt folgt die wichtigste Frage zum Schluss.«

»Ich höre.«

»Gibt's heute Abend Pizza?«

Karma

Als ich noch bei der Stadtverwaltung beschäftigt war, hatte ich viel mit der Konzeption von öffentlichen Plätzen zu tun.

Was ist eigentlich Stadtplanung?, wird sich manch einer fragen. Und die wenigen, die es verstehen, wissen, dass nicht nur bebaute, sondern auch unbebaute Flächen wichtig sind, manchmal sogar wichtiger. Öffentliche Plätze und Parks schenken uns Raum zum Atmen und sind eine fundamentale Komponente im Stadtbild, wenngleich sie in Italien eher eine untergeordnete Rolle spielen. Aber lassen wir das.

Jedes Projekt begann immer mit einem »Brainstorming«, »wir brauchen einen Plan«. Danach übernahmen die Verwalter das Ruder. Sie verlangten einen »Machbarkeits-Check«, diesen Begriff hatten sie wohl aus dem Fernsehen aufgeschnappt.

Ein Beispiel:

»Alles okay?«, fragte einer von ihnen und streckte den Kopf durch meine offene Zimmertür.

»Alles okay«, antwortete ich. Bloß keine Unsicherheit zeigen.

Wenn das Projekt dann beschlossene Sache war, musste ich mich mit einer ganzen Reihe von elementar wichtigen Einwänden herumschlagen, wie:

»Nein, hier kein Brunnen, da verstopfen die Oleanderblätter den Filter.«

»Man muss die Blätter eben alle zwei Wochen entfernen.«

»Nein, nein, an dieser Stelle besser keinen Brunnen. Und auch keinen Oleander.«

Solche Sachen eben.

Nachdem diese Hürde genommen war, wartete schon die Stadtplanungskommission.

Das Hauptproblem waren jedoch nicht die Verwaltungsbeamten, sondern die Bürgerversammlung, denn bei wichtigen Entscheidungen hatten die Bürger Mitspracherecht.

Die größte Schwierigkeit bestand darin, den Anwesenden Sinn und Zweck des Vorhabens in allgemein verständlichen Worten darzulegen. Wenn ich meine Ideen nicht überzeugend vermitteln konnte, gab es wenig Hoffnung auf Zustimmung.

Ich erinnere mich noch gut daran, wie ich einen wütenden Bürger überzeugen konnte, dass es entgegen seiner Meinung sinnvoll war, mehr Mittel für kulturelle Zwecke zur Verfügung zu stellen.

»Die Leute können doch von ihrem eigenen Geld Bücher kaufen und zu Hause lesen!«

Es gelang mir, ihn umzustimmen, indem ich ihm erklärte, dass das Geld nicht nur für Lesungen, sondern auch für das Salami-Fest eingeplant war. Ein Volltreffer! Risotto mit Salami war sein Lieblingsessen. Er stimmte begeistert zu. Gewusst, wie.

Kommen wir zu den öffentlichen Plätzen zurück. Bei einer Bürgerversammlung an einem kalten Winterabend kritisierte ein Anwesender den seiner Meinung nach übertriebenen Aufwand für Planung und Konzeption: »Das ist reine Zeitverschwendung! Einfach durchziehen und fertig! Was sollen wir denn über zwei Bäume und drei Bänke diskutieren?«

Eines der drei Dinge, die mir auf dieser Welt wirklich auf

die Nerven gehen, ist unsachliche Kritik am Sinn und Zweck meiner Arbeit. Und meine Arbeit war es damals, öffentliche Plätze zu konzipieren.

Ich nahm das Mikro.

»Was machen Sie beruflich?«, fragte ich.

»Ich arbeite in einer Bar.«

»Sehr gut. Wie mischt man einen Negroni?«

»Was soll das?«

»Es ist nur eine Frage. Wie mischt man einen Negroni? Wissen Sie es oder nicht?«, fragte ich provokant.

»Hör mal, du Klugscheißer!«, entgegnete er. »Ich habe den Negroni quasi erfunden! Ein Drittel Gin, ein Drittel Campari und ein Drittel Martini Rosso.«

»Perfekt. Und die halbe Orangenscheibe?«

»Die kommt zum Schluss, das hatte ich als bekannt vorausgesetzt.«

»Ausgezeichnet. Danke, dass Sie uns das Projekt Negroni so überzeugend dargelegt haben.«

»Hä?«

Gelächter im Saal. Meine Konzeption für den Platz fand breite Zustimmung.

Sechs Monate später sah ich den Barkeeper in meinem Büro wieder. Er beschwerte sich über den Kreisverkehr, der während seines Urlaubs gegenüber der Bar gebaut worden war. Ohne irgendein Konzept, einfach so, um das Budget für Straßenbaumaßnahmen nicht überzustrapazieren. Kein großer Kreisverkehr, mit Pflanzen begrünt, direkt gegenüber der Bar.

Und die Bar hieß »Die kleine Eckkneipe«.

Noch heute muss ich grinsen, wenn ich daran denke.

Der Aussetzer

Es passiert fast jeden Morgen. Es ist noch dunkel, ich gehe ins Zimmer, um Melania zu wecken, und halte einen Moment inne. Es ist völlig still, man hört nicht mal ihren Atem. Ich lege ihr die flache Hand auf den Rücken, und als nichts passiert, drücke ich ein bisschen fester, schüttele sie sanft, und nach einer Sekunde springt sie aus dem Bett wie eine Feder. In diesem Moment setzt mein Herz einen Schlag aus. Mit den beiden anderen ist es mir genauso gegangen, ein Phänomen, das anhielt, bis sie etwa drei waren. Wenn ich alle Aussetzer aneinanderreihe, kommt sicher eine Woche zusammen. Das Leben als Vater ist voller Geheimnisse.

Prioritäten

Wie jeden Morgen habe ich Melania und Ginevra in den Kindergarten und in die Vorschule gebracht.

In der Garderobe trafen wir einen Mann, der offensichtlich in Eile war. Er trug einen offenen braunen Mantel, unter dem ein eleganter Anzug zu sehen war. Er war gerade dabei, seinem Sohn die Schuhe auszuziehen, und zwar ziemlich rabiat, als stünde das wichtigste Meeting seines Lebens bevor. Der Junge begann zu weinen.

»Giovanni, lass das, du bist doch schon groß, Schluss jetzt.«

Der Junge war etwa zwei.

Während der Vater seinem Sohn die Antirutschsocken anzog, wurde das Weinen heftiger. Also nahm er ihn in den Arm, legte ihm eine Hand auf den Rücken und schaukelte ihn sanft hin und her. Aber der Junge hörte nicht auf zu weinen. Ich beobachtete die beiden. Obwohl ich heute Morgen um fünf Uhr aufgestanden bin, betrachte ich die Tatsache, dass ich meine Kinder in den Kindergarten und zur Schule bringen konnte, als ein Stück Freiheit, auch wenn diese Freiheit Zeit kostet. Aber das ist es mir wert.

Melania und Ginevra spielten Fangen, Giovanni heulte weiter, und irgendwann schaute der Vater auf die Uhr und fluchte. Dann zog er ein Handy aus der Manteltasche.

»Ciao«, sagte er, »hör mal, es tut mir leid, aber ich schaffe es nicht.« Pause. »Nein, ich schaffe es einfach nicht, tut mir leid, ich komme zu spät.«

Er steckte das Handy wieder ein und setzte seinen Sohn auf den Boden, der sich inzwischen etwas beruhigt zu haben schien. Er atmete tief durch und sackte auf der Bank in sich zusammen wie ein Ball, dem die Luft ausgeht.

»Gehen Sie zuerst rein. Ich habe es nicht mehr eilig.«

»Wir auch nicht«, sagte ich.

Inzwischen spielte Giovanni mit den Mädchen Fangen.

»Ich habe den Zug verpasst«, murmelte er.

Ich wusste nicht genau, ob er das konkret oder im übertragenen Sinne meinte, ich wusste nicht mal, ob er überhaupt mit mir sprach.

»Schlimm?«

Er fuhr sich übers Gesicht, die Hand blieb auf dem Mund liegen. Er sah seinem Sohn hinterher und blickte dann schweigend zu mir, als wüsste er nicht, was er antworten sollte. Dann lächelte er.

Ich lächelte zurück.

Wir saßen einfach da und sahen den Kindern noch eine Weile beim Spielen zu.

Der Mann im Auto

Letzte Nacht habe ich nur eine Stunde geschlafen.

Melania hatte hohes Fieber und lag bei uns im Bett, anfangs eng an ihre Mutter gekuschelt und gegen mich tretend, dann auf meiner Brust und mir ins Gesicht hustend. Gegen zwei gab ich auf, baute eine Kissenbarriere, damit sie nicht aus dem Bett fiel, und stand auf. Ich ging in die Küche und machte mir einen schwachen Kaffee, die Hoffnung auf Schlaf hatte ich noch nicht ganz aufgegeben. Dann ging ich nach unten ins Büro und zeichnete eine neue Seite. Die Zeit verging wie im Flug, und plötzlich war es acht. Ich ging wieder hoch, machte mir noch einen Kaffee und schlich zurück ins Schlafzimmer. Paola und Melania schliefen noch, umhüllt von der ungewöhnlich tiefen Stille im Haus. Die größeren Mädchen sind übers Wochenende bei den Großeltern. Als ich die beiden von der Tür aus im Halbdunkel betrachtete, wirkten sie wie ineinander verschmolzen. Irgendwann bemerkte Paola mich und bat mich, die Milch warm zu machen. Als ich wiederkam, war auch Melania wach. Paola gab ihr die Flasche, und mir fiel ein, dass ich noch Briefumschläge kaufen musste.

Als ich im Auto saß, war der Himmel tiefblau, die Winterluft schien ihn noch monumentaler zu machen. Ich fuhr durch die lichtdurchflutete Allee, als ich einen grünen Fiat Punto bemerkte, der mitten auf der Straße stand. Ich dachte sofort an einen Unfall, eine Panne oder an einen extravaganten Parkplatz. Aber als ich auf Höhe des Autos war, erkannte ich am

Steuer einen älteren Herren mit einem braunen Hut auf dem Kopf. Er saß einfach nur da. Der Motor war aus, das Kinn hatte er auf das Lenkrad gestützt. Vielleicht ging es ihm nicht gut? Ich wollte gerade aussteigen, als mir auffiel, dass er etwas zu beobachten schien. Er strahlte über das ganze Gesicht und betrachtete mit zusammengekniffenen Augen den Himmel, und dabei liefen ihm Tränen über die Wangen.

Er schaute zum Horizont, jedenfalls sah es so aus, im Auto, mitten auf der Straße, dort, wo die Sonne als Erstes über dem Hügel aufgeht und dann die Straße entlangwandert wie das Scheinwerferlicht bei einem Konzert. Was er wohl in diesem Moment dachte? Es war ein Bild voller Harmonie. Dann begann ein vorbeifahrendes Auto zu hupen. Ein zweites folgte. Ich hatte gar nicht bemerkt, dass sich hinter uns eine kleine Schlange gebildet hatte. Ich legte den ersten Gang ein und fuhr weiter, der Mann verharrte an Ort und Stelle.

Nachdem ich die Briefumschläge gekauft hatte, ging ich noch in den Supermarkt, um Milch, Sellerie und die Orangen aus dem Sonderangebot zu kaufen. Auf der Rückfahrt blieb ich auf der Allee stehen und aß eine Orange. Der Mann war verschwunden. Ich nahm seinen Platz ein.

Die Fototasche

Virginia hat sich eine Tasche für ihren Fotoapparat gebastelt.

Sie hat einen Karton genommen, eine Art Schuhkarton, nur kleiner, ihn mit Papier ausgestopft, die Kamera hineingelegt und den Deckel draufgemacht. Dann hat sie den Karton in Geschenkpapier eingewickelt und mit Tesa verklebt, wie ein Päckchen zu Weihnachten. Als sie mir ihr Werk zeigte, war sie superstolz. Ich gab zu bedenken, dass der Karton als Fototasche etwas unpraktisch sei, weil sie jedes Mal, wenn sie fotografieren will, das Geschenkpapier aufreißen, den Deckel öffnen und die Kamera zwischen den Papierbällen herausziehen muss. Virginia warf mir einen Blick zu, als wäre ich nicht ganz richtig im Kopf, und meinte: »Na und? Vielleicht dauert es ein bisschen länger, aber dafür sieht die Fototasche wenigstens gut aus!«

Ich musste lachen. Aber nachdem ich ein bisschen über ihre Antwort nachgedacht habe, bin ich zu der Erkenntnis gekommen, dass mir meine Tochter, ohne es zu wollen, etwas Wichtiges vermittelt hat. Nämlich, dass Schönheit nie einfach ist. Und wenn man sich gegen die Schönheit entscheidet, nur weil sie Zeit kostet, ist die Zeit, die man dadurch gewinnt, in Wirklichkeit ein Riesenverlust.

Ich komme vorbei (oder auch nicht)

Das Telefon klingelt, die Nummer ist unterdrückt.

»Ja?«

»Guten Tag, spreche ich mit Signor Matteo Bussola?«

»Ja, wer ist denn dran?«

»Ah, hallo. Ich bin Giacomo von der Unicredit Bank.«

»Guten Tag.«

»Guten Tag. Ich wollte Sie bitten, nächste Woche einmal in unserer Filiale in der Via dell'Artigliere vorbeizuschauen.«

»Ach, du lieber Gott. Warum denn? Bin ich aufgeflogen?«

»Aufgeflogen?«

»Vergessen Sie's. Sollte ein Witz sein.«

»Ach so.«

»Und wozu soll ich vorbeikommen?«

»Ich würde Ihnen gerne mal in Ruhe unsere vollständige Palette an neuen Finanzprodukten vorstellen. Da ist sicher etwas Interessantes für Sie dabei.«

»Finanzprodukte?«

»Genau. Wir haben nämlich neue Schuldverschreibungen, neue, vorteilhafte Dispokredite, außerdem haben wir unseren Kreditrahmen erweitert und vieles mehr.«

»Ach so. Unter diesen Umständen komme ich lieber nicht.«

»Wie bitte?«

»Verstehen Sie mich nicht falsch, aber ich bin ein armer Mann. Kredit bekomme ich bestimmt keinen, ich darf nicht einmal mein Konto überziehen.«

»Aber nicht doch, Signor Bussola, das kann man nicht so pauschal sagen. Wenn Sie schon lange bei uns Kunde sind, garantiere ich Ihnen, dass ein Kredit kein Problem sein wird.«

»Hören Sie, Giacomo. Schon bei meinem ersten Kredit vor acht Jahren habt ihr mir Schwierigkeiten gemacht. Ich habe ihn damals nur bekommen, weil ich bei der Stadtverwaltung gearbeitet habe.«

»Ah, Sie sind bei der Stadt? Dann kann ich Ihnen persönlich zusichern, dass es mit einem Kredit keine Probleme geben wird.«

»Ich *habe* bei der Stadt gearbeitet.«

»Wie bitte?«

»Ich arbeite nicht mehr dort.«

»Oh. Das tut mir leid, immer diese verdammten Personaleinsparungen …«

»Sie missverstehen das. Ich habe gekündigt.«

»Sie haben gekündigt? Sie selbst? Einen Angestelltenvertrag?«

»Ja.«

»Du liebe Güte! Darf ich fragen, was Sie jetzt machen?«

»Ich zeichne Comics.«

»Bitte?«

»Ich bin Comiczeichner.«

»Zeichner?«

»Ja. Comics.«

»Wirklich? Das ist ja toll! Ich habe alle ›Micky Maus‹-Hefte! Jedenfalls fast. Und dann noch ein paar dieser schmalen Bände, von, wie heißt er noch? Mein Bruder hat sie immer gekauft. ›Mark Mister‹.«

»Martin Mystère.«

»Genau der. Aber Sie sind … welche Comics zeichnen Sie denn?«

»Im Moment arbeite ich für Sergio Bonelli und für einen französischen Verlag.«

»Französisch?«

»Ja. Ich weiß, es klingt verrückt, aber auch in Frankreich werden Comics gelesen.«

»Interessant, sehr interessant. Und was zeichnen Sie für Bonelli?«

»Einen Comic, der in Afrika spielt. Der Titel ist ›Adam Wild‹.«

»Den kenne ich nicht.«

»Dachte ich mir. Dylan Dog?«

»Ja, klar, den kenne ich, der mit den Monstern. Ist der auch von Ihnen?«

»Nein, den macht meine Lebensgefährtin.«

»Echt?«

»Ja.«

»Sie macht die Zeichnungen?«

»Sie schreibt die Texte.«

»Welche Texte?«

»Das Storyboard. Sie erfindet die Handlung und die Dialoge, und dann schreibt sie ein detailliertes Storyboard, das an den Zeichner geht, der ihre Geschichte dann zeichnet.«

»Ah. Die Wörter in den Sprechblasen.«

»Nein, die macht … oder ja. Sie schreibt die Wörter in den Sprechblasen. Jeden Tag. Ganz schön anstrengend.«

»Kann ich mir vorstellen. Sie sind ja ein tolles Paar!«

»Allerdings.«

»Nun gut, wie gesagt, ich denke nicht, dass es da Probleme gibt.«

»Glauben Sie mir, bei Ihrer Bank bekomme ich keinen Kredit.«

»Sagen Sie doch so etwas nicht, Signor Bussola! Warum so pessimistisch? Heute sind die Rahmenbedingungen andere. Ich brauche nur einen Einkommensnachweis.«

»Den habe ich nicht.«

»Wie bitte?«

»Ich habe keinen. Wir Comiczeichner sind Freiberufler, ich bin nirgends fest angestellt und werde erst nach Abgabe des fertigen Produkts bezahlt.«

»Ach so. Aber wenn Sie mir einen Nachweis über Ihr Durchschnittseinkommen bringen, sagen wir über den Zeitraum von zwei Jahren, dann genügt mir das auch. Und vielleicht noch Ihre Rentenbeiträge.«

»Ich habe keine.«

»Wie bitte?«

»Comiczeichner zahlen keine Rentenbeiträge.«

»Sie sind im Alter nicht versorgt?«

»Nein. Und ich bekomme auch keinen bezahlten Urlaub.«

»Und wenn Sie mal krank werden?«

»Besser nicht.«

»Sonstige Bezüge?«

»Einen warmen Händedruck, wenn's gut läuft.«

»Einen warmen Händedruck? Also gut, hören Sie: Ich bin sicher, dass wir eine Lösung finden werden, wenn Sie in der Filiale vorbeikommen. Wenn Sie mir Ihre Kontonummer nennen, könnte ich sofort nachsehen, ob alles passt.«

»Gerne, die Nummer ist XXXXXXX.«

»So, da haben wir Sie.«

»Und? Passt alles?«

»Ähm.«

»Was meinen Sie, wann soll ich vorbeikommen?«

»Signor Bussola.«

»Ja.«

»Haben Sie heute Morgen zwanzig Euro abgehoben?«

»Ja.«

»Sie haben eine Barabhebung von zwanzig Euro gemacht?«

»Darf man das nicht? Ich wollte einen ›Ken Parker‹-Comic und Olivenöl kaufen.«

»Ist Ihnen bewusst, dass Sie aktuell zwei Euro fünfzig auf Ihrem Konto haben?«

»Tatsächlich? Ich dachte, es wäre weniger. Dann komme ich morgen vorbei. Wann passt es Ihnen?«

»Auf Wiederhören.«

»Hallo?«

Wer von uns beiden ist jetzt der Pessimist?

Vier Jahre

Ginevra ist heute vier geworden. Ich habe sie wie jeden Tag zur Vorschule gebracht, aber heute bleibt sie nicht lange, denn zur Feier des Tages essen wir mit den Großeltern zu Mittag. Und heute Nachmittag um vier gibt es bei uns zu Hause eine Geburtstagsfeier mit ihren Freundinnen.

Beim Jacke-Aufhängen hat sie mich gefragt: »Papa, bin ich jetzt groß?« Ich wusste nicht, was ich antworten sollte. Vorsichtig versuchte ich es mit einem: »Ja.« Aber sie musterte mich kritisch und sagte: »Ich will nicht groß werden, ich will lieber klein bleiben.« Nach den üblichen Erwachsenenfloskeln, wie schön es doch ist, groß zu werden, beschloss ich, meine Strategie zu ändern. Ich setzte mich auf die Bank, zog sie auf meinen Schoß und flüsterte ihr ein Geheimnis ins Ohr: »Weißt du was, Ginevra? Man wird zwar groß, aber wenn man will, kann man trotzdem klein bleiben. Auch als Erwachsener.«

»Und wie macht man das?«

»Man muss nur einfach weiter das machen, was man am liebsten macht.« Sie sah mir direkt in die Augen und sagte erst einmal nichts. Aber ich wusste, dass sie verstanden hatte. Ich brachte sie in die Klasse, und bevor ich ging, drehte sie sich noch einmal um und fragte: »Kann ich heute den Kirschbaum malen, wenn ich nach Hause komme?« Und ich antwortete: »Ja, natürlich.«

Dann ging ich, umrundete das Gebäude, blieb vor dem

Fenster stehen und winkte ihr noch einmal zu. Sie lächelte mir durch die Scheibe hindurch zu, und ich dachte nur: »Bitte bleib immer so, wie du jetzt bist.« Denn nichts liebe ich so sehr, wie sie in die Vorschule zu bringen und sie hinter der Fensterscheibe hochhüpfen und mich anlächeln zu sehen, sodass ich ihre kleinen Zähnchen sehen kann. Als ob dieses Bild das Einzige ist, was mich davor retten kann, ein trauriger und hoffnungsloser Erwachsener zu werden.

Warum die Mama?

»Papa, warum muss Mama zum Arbeiten immer nach Mailand?«

»Aber doch nicht immer, Ginevra, nur einmal im Monat.«

»Und warum bist du immer hier?«

»Weil ich zu Hause arbeite und die fertigen Zeichnungen in die Redaktion schicke. Dafür muss ich nicht extra nach Mailand, sondern kann hier bei euch bleiben.«

Sie beäugt mich kritisch.

»Niemand will dich sehen, Papa, oder?«

»Genau.«

»Holen wir uns heute Abend Pizza?«

»Einverstanden, Ginevra. Ich rufe an.«

»Hoffentlich gehen sie ran, wenn du anrufst.«

Der windschiefe Baum

In unserem Garten steht ein hoher, schiefer Baum, der sich gefährlich in Richtung Haus neigt. Wenn es sehr windig ist, wird er hin und her geschüttelt, und danach ist er jedes Mal noch etwas schiefer. Diesen Sommer habe ich bei einer Gartenbaufirma angerufen. Ich wollte das Problem an der Wurzel packen (sic!) und den Baum fällen lassen. Die Firma hielt es für übertrieben, eine Tanne nur wegen einer abstrakten Gefahr zu fällen. Für ein Ereignis, das vielleicht nie eintritt, einen lebendigen und gesunden Baum zu opfern, das sei einfach nicht gerecht. Ich habe mir trotzdem zwei Kostenvoranschläge machen lassen: einen für das Fällen des Baums, einen für das Ausdünnen der Krone. Als klar war, dass das Ausdünnen weniger kostete als das Fällen, sahen wir das als Wink des Schicksals.

An einem sonnigen Julimorgen kamen sie dann. Sie sind auf den Baum geklettert, haben ihn von überflüssigen Ästen befreit, um dem Wind weniger Angriffsfläche zu geben. Nach dem Eingriff sah der Baum tatsächlich aus, als hätte er sich ein wenig aufgerichtet. Die Firma versicherte, dass er nun stabil sei und nichts mehr passieren könne. »Auch wenn man bei der Natur natürlich nie zu hundert Prozent sicher sein kann.«

Tatsache ist, dass der Baum zwischen Juli und Dezember wieder schiefer wurde. Durch das Ausdünnen konnte man es sogar besser sehen. Wenn man heute aus etwa zehn Metern Entfernung den Stamm betrachtet, wirkt das Ganze doch ziemlich bedrohlich. Bei starkem Wind wird der Baum schon fest gegen die Hausmauer gedrückt.

Gestern habe ich Paola gebeten, sich mit eigenen Augen ein Bild von der Situation zu machen. »Schau dir das an«, sagte ich und zog sie an die Stelle, von der sie den besten Überblick hatte. Ich deutete mit dem Zeigefinger auf den Baum und fuhr in der Luft die Schieflage des Stammes nach.

»Jetzt hör doch endlich auf damit. Der Baum wächst eben so. Du bist ja auch nicht gerade ein Prachtexemplar, und wir behalten dich trotzdem, oder?« Ich lächelte sie an. Nicht unbedingt, weil sie recht hatte, sondern weil es im Leben Momente gibt, in denen dir bewusst wird, warum du wirklich mit jemandem zusammen bist. Du spürst es ganz genau, und wenn du vier oder fünf solcher Augenblicke erlebst, dann bist du ein glücklicher Mensch.

Ich bin nicht zuletzt deshalb mit Paola zusammen, weil ich schon bei unserem ersten Treffen gespürt habe, dass wir beide irgendwie so etwas wie schiefe Bäume sind. Wir werden nicht versuchen, den anderen geradezubiegen, aber wenn wir uns aneinanderlehnen, stützen wir uns gegenseitig und werden zu einem stabilen Gebilde, das sich von Tag zu Tag festigt. Und kein noch so starker Sturm konnte bis heute an seinen Grundfesten rütteln.

Füße und Musik

»Papa, warum ist die heilige Lucia blind?«

»Weil ein böser Mensch sie an den Augen verletzt hat, um sie zu etwas zu zwingen, was sie nicht wollte, Ginevra.«

»Und hat sie es gemacht?«

»Nein.«

»Aber wenn sie blind ist, wie kann sie dann die Wunschzettel der Kinder lesen?«

»Hmm, ich glaube, sie hat einen Helfer, der die Wunschzettel für sie liest. Der Kutscher, der ihren Esel lenkt.«

»Wie heißt der?«

»Der Kutscher? Castaldo.«

»Liebt sie ihn?«

»Wer?«

»Die heilige Lucia, liebt sie den Kutscher?«

»Darüber habe ich nie nachgedacht. Ich glaube schon.«

»Aber wenn sie blind ist, wie kann sie ihn dann lieben?«

»Wie meinst du das?«

»Sie sieht ihn doch nicht. Vielleicht ist er hässlich.«

»Hör mal, mein Häschen. Liebst du deinen Papa?«

»Nein.«

»Gut. Andere Frage. Liebst du deine Mama?«

»Ja.«

»Also gut, bei den Großen ist es mit der Liebe genauso. Es geht nicht darum, was du siehst, sondern was du fühlst, so wie wenn du dein Lieblingslied auf Kopfhörern hörst.«

Ich beobachte sie. Sie denkt nach.

»Die Liebe ist wie Musik?«

»Irgendwie schon. Man hört sie nicht nur mit den Ohren.«

»Mit was noch?«

»Mit allem. Auch mit der Nase und den Händen und den Füßen.«

»So ein Quatsch, doch nicht mit den Füßen!«

»Ich gebe dir ein Beispiel. Weißt du, wie eine Frau rausfinden kann, ob ein Mann sie wirklich liebt? Mama hat das auch immer so gemacht.«

»Wie denn?«

»Als wir uns schon besser kannten und in einem Bett schliefen, da hat die Mama mir immer ihre eiskalten Füße gegen den Rücken oder die Beine gedrückt.«

»Und was hast du gemacht?«

»Ich habe ihre Füße in meine Hände genommen und sie gewärmt.«

»Aber war das nicht kalt für dich?«

»Ein bisschen schon.«

»Und wenn du Mamas Füße gerubbelt hast, dann hast du die Musik gehört?«

»Ja, jedes Mal.«

Bier

Paola geht einkaufen. Ich bitte sie, mir Bier mitzubringen. Das letzte Mal habe ich ihr gesagt: »Nimm das in der gelben Dose.« Sie kam mit einer silbernen Dose zurück, in der kein Peroni, sondern ein »nach traditioneller Methode gebrautes« Weißbier aus Gerstenmalz war, bei dem die Gerste für das Malz bei Vollmond von blonden Jungfrauen geerntet worden war. Dieses Mal gebe ich genauere Anweisungen. Paola trinkt keinen Alkohol und kennt sich deshalb nicht aus. Ich sage: »Nimm irgendein Bier, aber bitte nicht das in der silbernen Dose. Wenn du ganz sichergehen willst, dann nimm die blau-graue Dose. Oder die gelbe.«

Als ich heute Abend den Kühlschrank öffne und nach dem Bier greife, entdecke ich eine pechschwarze Dose mit einem blauen Strich in der Mitte. Vorne drauf steht eine riesige Zwölf, die sie mit der Trikotnummer eines Inter-Mailand-Spielers verwechselt haben muss. Tatsächlich steht die Zahl dafür, dass es sich hier um ein Bockbier mit zwölf Prozent Alkohol handelt. In der Stärke steht es Wein in nichts nach. Ich habe diese Sorte drei, vier Mal in meinem Leben getrunken und danach romantische Statusmeldungen bei Facebook geschrieben, und das zwischen sieben und acht Uhr abends. Einmal dachte ich sogar, ich hätte Hepatitis.

Ohne große Hoffnung durchforste ich den Kühlschrank. Vergeblich. Doch dann, zwischen den Ölsardinen und den Gurken, ertasten meine Finger eine zweite Dose. Sie ist rot, enthält aber keine Coca-Cola. Herr, ich danke dir, sollte Paola mir in einem Anfall von Liebeswahn eine zweite Dose Bier gekauft haben?

Ich lese den Markennamen. Nie gehört. Ich schaue mir den Alkoholgehalt an, um böse Überraschungen zu vermeiden.

Das Bier ist alkoholfrei.

Gefühlsalphabet

Mein Leben dreht sich im stets gleichen Rhythmus, Dreh- und Angelpunkt sind meine Töchter. Morgens müssen sie in den Kindergarten und in die Schule gebracht werden, nachmittags gibt's Hausaufgaben und danach etwas Süßes. Mittags und abends kämpfe ich Tag um Tag für Abwechslung am kulinarischen Horizont. Am Abend dann stehen Spiele, Vorlesen und Singen (ich!) auf dem Programm. Donnerstags hat Virginia Volleyball, samstags geht's zu den Großeltern.

Dienstagnachmittags geht Paola mit Virginia und Ginevra ins Schwimmbad, und ich bleibe mit Melania zu Hause.

Wenn wir alleine sind, übernimmt Melania das Kommando. Wie ein Biber, der es gewohnt ist, in Flüssen und Seen zu schwimmen, und der plötzlich aufs offene Meer hinausgetrieben wird. Erst will sie malen, dann herumtollen, dann wieder braucht sie Kekse und etwas zu trinken, sie schreibt mit den Fingern auf dem Fernseher, will auf den Arm, dann wieder runter. Sie will alles und nichts, sie ist pure Energie, pure Lebensfreude, als würde sie von einem Dynamo angetrieben.

Meine Liebe für sie ist grenzenlos. Denn ich weiß, dass sie unser letztes kleines Mädchen sein wird. Danach wartet nur noch die Trotzphase der Vorpubertät, mit Türenknallen, dem Winx Club und Perlenarmbändern. »Ich liebe Simone, nein, Mattia, ach Papa, lass mich in Ruhe, ich will keinen Salat« – das ganze Programm.

Aber vorerst genieße ich meine Zeit mit Melania und sie ihre Zeit mit mir. Ich weiß, dass sie mich um den Finger wickeln kann. Von dem Moment an, als ich sie nach der Geburt auf den Arm genommen habe und sie mir, während ich ihr mit einer Hand die Windel anzog, auf die andere Hand gepinkelt hat, war alles klar. Die Hebamme hat sich köstlich amüsiert.

Die Dinge ändern sich, Kinder werden groß, so ist nun mal der Lauf der Welt. So wie hier früher freies Feld war und heute alles bebaut ist. Und ich eigentlich arbeiten müsste, aber die Sonne scheint, und ein bisschen freies Feld gibt es noch immer. Aber heute ist Dienstagnachmittag.

Im Hier und Jetzt genieße ich jeden Moment, der mir dabei hilft, diese bedrohlichen Zukunftsaussichten zu entschärfen. Dann muss ich mir eben die Nacht um die Ohren schlagen. Ich stülpe das Bettlaken über und spiele das Monster, streichle über die Stacheln der Igel. Ich baue Türme aus Bauklötzen und sage dabei mein Gefühlsalphabet auf. Alle Buchstaben haben am Ende ein Ausrufezeichen.

Der erste Buchstabe ist das A! und es hat einen wunderbar runden Klang.

Die Zöpfe

Im Auto, auf dem Weg zur Vorschule.

»Papa, warum ist die Mama heute Morgen aufgestanden, obwohl sie krank ist?«

»Ich glaube, das hat sie nur gemacht, um dir Zöpfe zu flechten, Ginevra.«

»Und warum machst du das nicht?«

»Weil Papas leider nicht so gut im Zöpfeflechten sind.«

»So ein Quatsch.«

»Nein, das stimmt. Die meisten Papas sind eine Katastrophe, wenn es um Frisuren geht. Ich auf jeden Fall.«

Wir gehen rein, setzen uns auf die Bank, und ich ziehe ihr die Schürze über. Vor uns steht ein Vater, der ziemlich verzweifelt aussieht. Er hat seiner Tochter gerade die Mütze abgezogen, natürlich zu schnell und ohne richtig aufzupassen, und damit die Arbeit seiner Frau oder der Oma oder der größeren Schwester zerstört. Seine jedenfalls nicht. »Ach, du liebe Güte, Emma. Schau dir das an! Komm her, ich versuche das wieder in Ordnung zu bringen.«

Er probiert es mit einer Art Ninja-Technik, ist aber völlig überfordert. Er hat sogar Mühe, das Gummi zweimal um die Haare zu schlingen. Frisierkunst. Er schwitzt.

Irgendwann dreht er sich zu mir um und schaut mich mit einem flehenden Blick an, ob mit Absicht, weiß ich nicht. Vielleicht starrt er auch einfach nur ins Leere und versucht, sich im Geiste die nötigen Handgriffe vorzustellen.

»Brauchen Sie Hilfe?«, frage ich, ohne nachzudenken.

»Ah, ja, ja gerne! Ich bin da nicht so …«

»Keine Panik, ich auch nicht.«

Wir tauschen ein komplizenhaftes Lächeln, um unsere Inkompetenz zu kaschieren.

Zu zweit machen wir uns einige Minuten an Emmas Haaren zu schaffen, er links, ich rechts. Als wir fertig sind, sieht das Mädchen aus, als käme es frisch aus der Waschmaschine, aber ihr Vater wirkt zufrieden. Nachdem er sich verabschiedet hat, nehme ich meine Tochter beiseite.

»Siehst du, Ginevra? Das meinte ich mit dem, was ich über die Papas gesagt habe.«

Meine Tochter schaut Emma verträumt an und sagt mit glänzenden Augen: »Aber sie sieht doch suuuuuuuper aus.«

Ich beschließe: Okay, morgen mache ich die Zöpfe. Oder wir nehmen ihr gutes altes Sandokan-Haarband. Vielleicht nehme ich vorsorglich noch zwei Haarbänder mit, vielleicht kann ich die im Kindergarten meistbietend verkaufen.

Von Vätern und Söhnen – und Comics

»Wie, Comics?«, fragt der Vater.

»Comics eben«, antwortet der Sohn.

»Diese Bildchen in Zeitungen?«, fragt der Vater.

»Genau die«, antwortet der Sohn.

»Und was meinst du mit ›Ich will sie machen‹?«, fragt der Vater.

»Dass ich sie machen will. Ich will zeichnen. Mir Geschichten ausdenken. Ich will meine Zeit damit verbringen, meine Ideen zu Papier zu bringen. Und eines Tages will ich auch mal Tex zeichnen«, sagt der Sohn.

»Tex?«, fragt der Vater.

»Tex, der Ranger, der mit …«

»Ich weiß, wer Tex ist«, sagt der Vater.

»Ja, dann«, sagt der Sohn.

»Dann weißt du sicher auch, dass Comiczeichner arme Schweine sind«, sagt der Vater.

»Das stimmt nicht«, sagt der Sohn.

»Und ob das stimmt«, sagt der Vater, »wer Comics zeichnet, sitzt den ganzen Tag mit krummem Rücken über den Schreibtisch gebeugt. Er geht nie raus, zeichnet auch nachts, hat keine Freunde mehr, wird zum Außenseiter. Er verblödet sogar ein bisschen. Am Ende glaubt er noch, dass das seine Welt ist, er lebt in seinen Fantasien, und das war's.«

»So wie du mit den Gedichten, die du schreibst?«, fragt der Sohn.

»Was haben meine Gedichte damit zu tun?«, sagt der Vater. »Gedichte sind Gedichte. Du wirst doch Comics nicht mit Gedichten vergleichen wollen, gütiger Himmel! Ohne Gedichte kann ich nicht leben. Damit habe ich die letzten vierzig Jahre in dieser beschissenen Welt überlebt, mit einem Beruf, den ich mir nicht ausgesucht habe«, sagt der Vater.

»Eben.«

»Eben was?«

»Ich suche ihn mir aus. Und deshalb sage ich es dir jetzt, verstehst du?«

»Was?«

»Meinen Beruf! Ich suche ihn mir selbst aus. Das versuche ich dir doch gerade klarzumachen. Und ich will auch selbst entscheiden, wie ich mit mir und der Welt umgehe. Durch meine Arbeit kann ich in dieser beschissenen Welt überleben! Das ist eben meine Art!« Der Sohn schreit jetzt.

»Und du weißt auch, dass diese Comiczeichner allesamt Hungerleider sind? Ja? Das weißt du doch hoffentlich? Keine Rente? Und wenn du mal Kinder hast? Wie willst du da zurechtkommen?« Der Vater lässt nicht locker.

»Das stimmt nicht. Es gibt auch Comiczeichner, die Millionäre geworden sind! Nicht viele, zugegeben, aber es gibt sie. Und du, Papa, bist du etwa reich?«

»Was spielt das denn für eine Rolle?«

»Und du hast auch Kinder, oder?«

Der Vater schweigt.

»Siehst du«, setzt der Sohn nach.

»Schon gut, ich hab's verstanden! Dann mach halt deine Comics! Aber dein Studium bringst du wenigstens zu Ende!«

»Und wozu, bitte?«

»Damit du bessere Comics machst. Und damit dir notfalls

noch andere Möglichkeiten offenstehen. Denn wenn du Existenzangst hast, werden auch deine Comics nichts.«

Der Sohn sieht den Vater ungläubig an. Der Vater starrt ungläubig auf den Fernseher, wo sie in den Nachrichten seit vier Minuten Renato Brunetta von Forza Italia interviewen. Er möchte viel lieber ein Gedicht schreiben.

»Aber tu mir bitte einen Gefallen: Werde bloß kein Millionär. Zeichne meinetwegen Comics, wenn du unbedingt willst. Aber bleib auf dem Boden.«

»Hä? Und warum?«, fragt der Sohn.

»Weil Millionäre Arschlöcher sind«, sagt der Vater. »Und ich möchte stolz auf einen Sohn sein, der Comics zeichnet und vielleicht ein seltsamer Vogel ist. Aber auf jeden Fall kein Arschloch.«

Der Sohn lacht, der Vater nach kurzem Zögern auch.

Einen Augenblick lang scheinen die beiden gleich alt zu sein.

Kinderbilder (Winter)

Jeden Morgen, nachdem ich Melania im Kindergarten abgeliefert habe, fahre ich Ginevra in die Vorschule. Jeden Morgen öffne ich ihr Fach. Jedes Mal ist es voller Bilder, die sie am Vortag gemalt hat. Sie drückt sie mir in die Hand und sagt: »Nimm sie mit nach Hause. Alle.« Wenn ich dumme Erwachsenenfragen nach dem »Warum« stelle, schaut sie mich missbilligend an und wirft mir einen »Du-hast-ja-keine-Ahnung«-Blick zu.

Auch Virginia malt gerne, am liebsten mit vielen Farben, und Melania natürlich auch. Für sie ist die ganze Welt ein riesiges weißes Blatt, das nur darauf wartet, von ihr bemalt zu werden.

Ich weiß nicht, warum meine Töchter so gerne malen, wahrscheinlich ist das bei Kindern ganz normal, aber ich finde es großartig. Nicht, weil ich hoffe, dass auch sie eines Tages Comics zeichnen werden, sondern weil ich sehe, wie sehr sie bei der Sache sind und wie zufrieden sie dabei wirken. Wenn sie über das Blatt gebeugt am Tisch sitzen, erkenne ich mich in ihnen wieder und erinnere mich daran, wie glücklich mich das Zeichnen gemacht hat. Vielleicht waren das sogar die glücklichsten Momente meiner Kindheit. Ich versuche mir einen Teil dieses Glücks durch meine tägliche Arbeit zu erhalten, es ist ein wenig, als wäre mein Beruf das andere Ende eines gespannten Gummibands. Es war gar nicht so einfach, dieses Ende wiederzufinden, weil mir das Leben dazwischengekommen ist. Hindernisse und Probleme, Ehrgeiz und berufliche Notwendigkeiten hatten mich vom Weg abgebracht. Aber wenn ich so darüber nachdenke, kommt es mir vor, als hätte ich dieses Gummiband nie wirklich losgelassen und als hätte es mich genau dorthin katapultiert, wo ich heute bin. Manchmal lasse ich ein wenig locker und mache mich auf die Reise, und diese Reisen werden in meinen Zeichnungen sichtbar, zumindest für all jene, die sie aufmerksam betrachten. Ich bin sicher, dass es für meine Kinder genauso ist.

Zeichnen kann eine Brücke sein zwischen unseren Erinnerungen und unserer Zukunft. Wenn man Zeichnungen aufmerksam anschaut, stecken sie voller Zeichen, sind sie wie eine Prophezeiung. Und auch wenn man nach vielen Jahren Pause wieder mit dem Zeichnen anfängt, ist es ein bisschen wie nach Hause zu kommen. Um dann erneut aufzubrechen. Während das Schreiben eine Aneinanderreihung von Buchstaben ist, die man uns beigebracht hat, scheint das Zeichnen ganz von selbst zu kommen. Jedes Kind kann zeichnen, Bilder kommen bei der Geburt mit uns zusammen auf die Welt, wie das Herz, die Leber, die Hände und die Füße. Ein Wunder.

Ich weiß nicht, warum meine Kinder so gerne und so oft zeichnen, aber ich hoffe, dass sie nie damit aufhören werden. Kinder fragen nicht, ob sie auf die Welt kommen sollen, aber wenn sie da sind, entdeckt man so vieles in ihnen, vor allem über sich selbst. Sie helfen uns dabei, zu verstehen, wer wir sind. Oder besser gesagt: Sie helfen uns dabei, es nicht zu vergessen.

Sie helfen uns dabei, nicht zu vergessen, dass wir auf der Welt sind, um glücklich zu sein, und dass wir, auch wenn das Glück sich manchmal nur in kurzen Momenten zeigt, aufs Gücklichsein programmiert sind. Und darauf zu vertrauen, dass sich unsere Kinder entwickeln werden, wie ein weißes Blatt Papier, das sich beim Zeichnen mit Leben füllt. Die Kinder blicken weiter als wir, auch wenn sie kleiner sind. Sie wissen, dass in jedem Bild Flügel oder Segel stecken. Und wenn man die Bilder nebeneinanderlegt, dann werden sie ein fliegender Teppich. Man darf nur nicht aufhören, daran zu glauben.

Der Kaffee »Caffè«

Ich habe die Kaffeemarke gewechselt.

Mein Kaffee stammt aus dem Supermarkt und heißt schlicht und einfach »Caffè«. Der Kaffee »Caffè« hat eine ockergelbe Verpackung und steht neben den Reinigungsmitteln im Sonderangebot. Er allerdings ist nie im Angebot, ich zahle immer den vollen Preis: neunzig Cent für hundert Gramm.

Bei den traditionellen Kaffeesorten steht auf der Rückseite der Packung immer das Mischverhältnis, zum Beispiel siebzig Prozent Robusta und dreißig Prozent Arabica. Oder umgekehrt. Dazu der Röstgrad und das Herkunftsland der Bohnen: ein unzulänglicher Versuch, das Aroma und den Geschmack des Kaffees zu beschreiben.

Auf dem »Caffè«-Kaffee steht stattdessen nur: »Kaffee«. Ehrlich gesagt: Daran habe ich so meine Zweifel. Wenn ich die Packung öffne, umfangen mich nicht etwa würzige Röstaromen, die minutenlang in der Nase bleiben und mich an das Tiramisu meiner Oma erinnern, der »Caffè« sondert lediglich einen kaum wahrnehmbaren Geruch nach verbranntem Toast ab.

Wenn ich ihn in die Dose schütte, in der ich seit siebzehn Jahren meinen Kaffee aufbewahre, sind deutliche Farbunterschiede zu erkennen, wie bei der Colgate-Zahncreme. Es gibt dunkelbraune und hellbraune Strukturen, die sich selbst beim Schütteln nicht vermischen. Ein friedliches Nebeneinander.

Dafür habe ich mir folgende Erklärung zurechtgelegt: Das

hellere Pulver ist tatsächlich Kaffee, während es für das dunklere zwei Hypothesen gibt: Entweder sie rösten nicht nur die Bohnen, sondern auch die Blätter und Stängel (wie sieht eine Kaffeepflanze eigentlich aus? Keine Ahnung!), oder sie tun das, was Sie auch gerade gedacht haben.

Wenn der Kaffee »Caffè« im Espressokocher hochsteigt, macht er nicht dieses charakteristische blubbernde und zischende Geräusch, das das Aufstehen erleichtert. Er steigt auf, und Schluss. Das deprimiert mich ein bisschen. Aber morgens um fünf ist es ganz praktisch, wenn ich beim Kaffeekochen niemanden störe.

Der »Caffè« schmeckt durchaus nach Kaffee, dafür lege ich meine Hand ins Feuer. Wie das allerdings funktioniert, ist mir ein Rätsel. Wenn man an der dampfenden Tasse riecht, hat man den Eindruck, als hätte man eine Wolldecke mit Grappa überschüttet und dann angezündet. Doch der Geschmack ist unbestritten der von Kaffee.

Ob das auch bei anderen Produkten funktioniert? Nächste Woche probiere ich mal die Chips »Chips« aus. Wenn sie gut schmecken, ist mir der Duft egal, selbst wenn sie nach frittierter Banane riechen sollten.

Plötzlich stelle ich mir vor, wie es wäre, in einer Welt voller Redundanzen zu leben, wo jedes Wort gedoppelt wird. Dann gäbe es »Kaffee«-Kaffee, »Häuser«-Häuser, »Bäume«-Bäume und »Arschlöcher«-Arschlöcher. Eine Welt, in der es nicht um das Wesentliche geht, sondern wir Zeit damit verschwenden, alles zweimal zu sagen. Die Polemik auf Facebook würde kein Ende nehmen, und Politiker-Interviews würden den Fernsehzuschauer in den Selbstmord treiben. »Good Will Hunting« würde vier Stunden dauern und »Naokos Lächeln« von Haruki Murakami hätte mich damals mit zweiundzwanzig den ganzen Juli beschäftigt. Songs wären endlos, der Slowfox dazu ebenfalls. Eine imaginäre Welt, in der man der einzigen Frau, die man liebt, tief in die »Augen« – Augen sehen und, ohne sich lächerlich zu machen, sagen kann: »Ich liebe dich, ich liebe dich.«

Vielleicht gar nicht so übel.

Was die Frauen verschweigen

Letzte Nacht hatte ich die schlimmsten Bauchschmerzen meines bisherigen Lebens. Es fing ganz plötzlich nach dem Abendessen an, mein ganzer Körper krampfte sich zusammen, ich bekam kaum noch Luft, als hätte man mir mit der Faust in den Magen geschlagen. Zu allem Überfluss wachte Melania, die sonst ohne Probleme durchschläft, immer wieder auf. Sie wachte auf und weinte. Wir trugen sie ins Ehebett, sie weinte weiter. Sie wollte keine Milch, keine Kekse, keine Zeichentrickfilme. Immer wieder döste sie kurz ein, und wir trugen sie in ihr Bettchen zurück, doch jedes Mal wachte sie nach ein paar Minuten wieder auf. Deshalb sagte ich zu Paola, der es auch nicht besonders gut ging, dass es wenig Sinn hätte, wenn wir beide wach bleiben würden. Da ich vor Schmerzen ohnehin nicht würde schlafen können, sollte sie sich wieder hinlegen. Melania streckte mir ihre Ärmchen entgegen, so wie sie es immer macht und was mein Vaterherz jedes Mal vor Freude hüpfen lässt. Es ist ein unbeschreibliches Glücksgefühl, die eigene Tochter aus dem gefährlichen Gitterbett zu holen. Ein Edelfräulein aus einem Turmverlies zu retten, ist nichts dagegen. Ich brachte sie ins Wohnzimmer, schaltete den Fernseher an und wiegte sie ein bisschen hin und her. Ohne Erfolg. Also streckte ich mich auf dem Sofa aus, legte Melania auf meinen Bauch und deckte uns mit den beiden dort liegenden Decken zu. Wir kuschelten uns aneinander wie zwei Katzen. Melania schloss die Augen. Durch ihre Wärme entspannte sich mein

Bauch, die Schmerzen flauten allmählich ab, ihr kleiner Körper war wie eine Wärmflasche. Ihr Atem auf meinem Gesicht, ihr Kopf an meiner Schulter, ein fast synchroner Atemrhythmus, der sich nach und nach aufeinander einpendelte. Trotz der unbequemen Position durchflutete mich ein kaum in Worte zu fassendes Wohlgefühl. Diese Momente gehören ganz allein den Vätern. Das Privileg, nicht nur Vater, sondern auch Mutter zu sein. Kinder, die an ihrer Brust weinen und allmählich in tiefen Schlaf fallen. Ich gab mich diesem Moment hin, Körper auf Körper, morgens um drei, im Hintergrund die Musik des Zeichentrickfilms, das Licht der Wohnzimmerlampe in den Augen, das zerdrückte Kissen, das ich eigentlich hätte aufschütteln müssen, im Nacken. Man begreift schnell, dass solche Momente ein Geschenk sind. Wenn ein Vater morgens um drei aufsteht, um sich um sein Kind zu kümmern, dann will er nicht nur helfen, sondern das Gefühl genießen, den Atem des Kindes zu spüren, seinen Körper festzuhalten, ganz im Augenblick zu sein. Er will etwas erleben, was sonst nur den Müttern vorbehalten ist.

Denn was die Frauen verschweigen, ist nichts im Vergleich zu dem, was wir Männer nicht wissen.

Die Augen von Andy Garcia

Ich hole Virginia von der Schule ab, donnerstags ist die Zeit knapp, weil sie nach dem Unterricht Volleyballtraining hat.

Während ich im Hof auf das Klingeln warte, bemerke ich, dass ich von einer Frau beobachtet werde. Sie sieht sich verstohlen um und schaut dann wieder zu mir. Schließlich kommt sie auf mich zu. Die Frau ist um die vierzig, hat blonde Haare und trägt einen grauen Mantel mit dunkel abgesetzten Taschen und eine weiße Mütze. Aus der Nähe erkenne ich ein paar Sommersprossen und eine Brille mit blauem Gestell, die ihre Augen größer erscheinen lassen. Ich dagegen wirke wie der Weihnachtsmann in Zivil.

»Ciao«, sagt sie, »wissen Sie, ob sie heute später rauskommen?«

»Nein, ich glaube nicht.«

»Aber sonst sind sie um diese Uhrzeit doch immer schon draußen, oder?«

»Keine Ahnung, ich trage keine Uhr. Ich stelle mich immer unter die Platane und warte.«

»Ah, sozusagen … Zen.«

»Nein, nein, kein Zen. Ich hasse Armbanduhren, das ist alles.«

»Ach. Aber Sie haben doch sicher ein Handy, da kann man die Uhrzeit auch ablesen.«

»Ja, schon, aber das liegt zu Hause auf dem Schreibtisch.«

Als sie lacht, sehe ich, dass sie zwischen den Schneidezähnen eine kleine Lücke hat.

»Sehen Sie, alle Eltern hier wirken ganz entspannt«, sage ich, »da ist bestimmt alles in Ordnung.«

»Komisch ist es aber schon, sie müssten längst draußen sein.«

»Vielleicht sollten Sie jemand anderen fragen. Ich komme immer nur donnerstags, und ob sich beim Stundenplan was verändert hat, weiß ich ehrlich gesagt nicht.«

»Okay.«

Sie bleibt neben mir unter der Platane stehen, verschränkt die Arme und wartet weiter. Fünf Minuten vergehen.

»Ich bin übrigens Francesca«, sagt sie und streckt mir die Hand entgegen.

»Matteo«, sage ich.

»In welcher Klasse ist dein Sohn?«

»Tochter.«

»Ah, du hast eine Tochter.«

»Drei.«

»Echt?«

»Ja.«

»Darf ich dir was sagen? Aber bitte nicht falsch verstehen.«

»Nur zu.«

»Du hast die gleichen Augen wie Andy Garcia.«

»Aha«, sage ich, »und ist das gut?«

»Ja, das war ein Kompliment, absolut.«

Es klingelt. Die Kinder kommen in Zweierreihen nach draußen, die Lehrerinnen voran. Als Virginia mich sieht, fragt sie, ob sie gehen darf, und rennt auf mich zu.

»Ciao, Papa!«

»Ciao, mein Schatz. Wir müssen uns beeilen, sonst kommen wir zu spät zum Training.«

»Okay.«

Ich drehe mich um, um mich von Francesca zu verabschieden, aber sie ist nicht mehr da. Ich entdecke sie auf der anderen Seite des Tores. An der Hand hält sie ein Mädchen, das sicher älter ist als Virginia. Bevor sie geht, winkt sie uns zu. Ich winke zurück.

»Papa«, sagt Virginia.

»Ja?«

»Du hast einen Monsterpopel an der Nase.«

»Wirklich?«

Ich wische mir erst mit der Hand und dann mit dem Taschentuch die Nase ab. Ich versuche das Gespräch mit Francesca noch einmal nachzuvollziehen und stelle mir dabei meinen Monsterpopel vor.

Egal. Ich habe Augen wie Andy Garcia.

Weihnachtsgeschichte

Ich sitze mit mindestens zwanzig anderen im Wartezimmer beim Arzt. Unrasiert, eine Wollmütze auf dem Kopf, hohes Fieber und feuerrote Augen. Die Luft ist so stickig, dass ich ständig husten muss.

Die anderen starren mich an, als hätte ich die Pest. Die Frau neben mir steht auf, tut so, als ob sie sich eine Zeitung aussucht, und wechselt dann den Platz. Nach ungefähr zwanzig Minuten geht die Eingangstür auf, und ein etwa fünfundsechzigjähriger Mann betritt das Wartezimmer. Er ist ärmlich gekleidet, ungekämmt, seine Hosen sind verdreckt, und er hat einen Dialekt, den selbst ich als Einheimischer nur schwer verstehe. Während er mit der Sprechstundenhilfe spricht, bemerke ich, dass er nur noch zwei Zähne hat. Sie mustert ihn voller Abscheu und Misstrauen. Auch die Blicke der Leute im Wartezimmer sprechen Bände.

In der rechten Hand hält der Mann eine durchlöcherte blaue Plastiktüte. Das Einzige, was ich von seinem Wortschwall verstehen konnte, war: »Ist die Frau Doktor schon da?«

Diese Frage wiederholt er wie ein Mantra: »Ist sie schon da? Ist sie schon da?« Und die Sprechstundenhilfe sagt, ja, aber er müsse warten, er sei noch nicht dran. Er lässt nicht locker: »Ist sie schon da?«, dabei zeigt er auf die Tür zum Behandlungszimmer. Was hat er vor? Die Wartenden werden unruhig, weil sie glauben, er wolle sich vordrängen. Irgendwann brummelt er etwas, das für mich klingt wie: »Nur einen Moment, ich will nur einen Moment mit ihr sprechen.« Aber die Sprechstundenhilfe bleibt hart. Er müsse warten wie alle anderen auch. Ich biete ihm meinen Platz an und stehe auf. Damit sind die anderen ganz und gar nicht einverstanden, schließlich muss alles seine Ordnung haben. Er setzt sich auf meinen Stuhl und lächelt mich an, die beiden Zähne blitzen. Die Sprechstundenhilfe sieht sich in ihrer Autorität bedroht und wirft mir einen vernichtenden Blick zu.

Nach fünf Minuten steht der Mann wieder auf, geht zur Rezeption und hält der Sprechstundenhilfe die Tüte hin. »Sie müssen warten«, sagt sie. Aber er bleibt hartnäckig und zwingt ihr die Tüte regelrecht auf. Er wolle gar nicht untersucht werden, sondern der Frau Doktor nur frohe Weihnachten wünschen. Die Frau verzieht den Mund zu einem gezwungenen Lächeln und sagt: »Aha.« Der Mann geht zum Ausgang, dreht sich um und sagt: »Frohe Weihnachten, frohe Weihnachten Ihnen allen.« Dabei lächelt er und entblößt seine zwei Zähne. Die Tüte lässt er da. Im Wartezimmer ist es plötzlich totenstill, die Sprechstundenhilfe nimmt die blaue Tüte, packt sie aus und legt dann alles in eine nagelneue gelbe Tüte. Einen Moment lang ist zu sehen, was der Mann vorbeigebracht hat: zwei Flaschen Wein ohne Etikett, Gebäck aus dem Supermarkt und eine kleine rote Blume.

Die Buchstabensuppe

Ich sitze am Wohnzimmertisch und zeichne. Ginevra schaut aus dem Fenster.

»Papa, warum scheint auch im Winter die Sonne?«

»Die Sonne kommt und geht, wann sie will, auch im Winter. Es kann doch nicht immer neblig sein oder regnen.«

»Aber du hast gesagt, dass wir ans Meer fahren, wenn die Sonne scheint.«

»Nein, oder doch, ja. Aber ich meinte die Sonne im Sommer.«

»Wie lange dauert es noch bis zum Sommer?«

»Ungefähr sechs Monate.«

Pause. Sie denkt nach.

»Papa.«

»Mhm?«

»Ist das vor Sonntag?«

»Nein, Ginevra. Ich meinte sechs Monate, nicht sechs Tage. Das dauert noch lange.«

»Dann ist ja gut.«

»Warum?«

»Am Sonntag habe ich nämlich keine Zeit. Da macht mir Oma Buchstabensuppe!«

Gott und Rapunzel

»Papa, was ist ein Moslem?«

»Jemand, der an einen Gott glaubt, der Allah heißt.«

»Ist der anders als unserer?«

»Ja und nein, Virginia. Im Grunde ist er nur anders angezogen.«

»Wie meinst du das?«

»Hmm, wie erkläre ich das am besten? Weißt du noch, wie sich Ginevra als Rapunzel verkleidet hat? Sie hat anders geredet und sich anders verhalten als sonst, aber du hast trotzdem gewusst, dass es deine Schwester ist, oder? Verstehst du, was ich meine?«

»Ja.«

Unser Festtag

Heute feiern wir.

Virginia wird acht, Paola und ich sind seit acht Jahren Mama und Papa.

Jeden Morgen, wenn ich Virginia für die Schule wecke, sie maulend die Leiter ihres Bettes herunterklettert und sich dann im Halbdunkel in meine Arme wirft, sehe ich wieder meine Junggesellenbude vor mir. Paola nimmt meine Hände und sagt: »Bald sind wir zu dritt«, und ich drehe mich um und halte Ausschau nach der Katze, die sicher gleich zum Fenster reinkommt.

Die Katze war Virginia. Und sie war nicht hinter mir, sondern in Paola. Und nicht hinter uns, sondern vor uns. Sie zeichnete unseren gemeinsamen Kurs vor, war der Grund, eine Familie zu gründen.

Wir sind auf Sicht gesegelt und haben nach einem Vornamen gesucht. Obwohl wir beide kreative Berufe haben und Überraschungen lieben, haben wir uns bei unserer Reise nicht an den Sternen orientiert oder uns bei Sternschnuppen etwas gewünscht. Wir waren von Anfang an pragmatisch und haben auf den Wind und die Kraft unserer Hände vertraut. Und die Katzen vor den Fenstern reingelassen.

Alle für einen

Vor einigen Tagen ist in zwei Nachbarhäusern eingebrochen worden. Gestern, es dämmerte bereits, bellte Garrett in Richtung Wald, offenbar hatte er etwas entdeckt. Eine streunende Katze oder ein Wildschwein vielleicht? Weit gefehlt. Als ich näher kam, sah ich einen Schatten, der sich im Dämmerlicht bewegte und die Taschenlampe eines Handys vor sich hielt.

»Wer ist da?«

»Ich habe Geräusche gehört«, antwortete die Stimme.

Sie gehörte zu einem unserer Nachbarn.

»Ich auch, die kamen allerdings von dir«, sagte ich.

Er kam an den Zaun und erzählte mir von dem Einbruch. Die beiden Einbrecher hatten die Garage durchsucht, er hatte den Lärm gehört und aus dem Fenster gesehen. Er hatte nach der Schreckschusspistole gegriffen, um sie zu vertreiben, aber seine Frau hatte ihn zurückgehalten. »Denk doch an die Kinder!« Dann waren die Eindringlinge geflüchtet. Anschließend hatten sie die Polizei angerufen, aber die Typen waren bereits im Wald verschwunden. Als sich die Aufregung gelegt hatte, sind sie zurückgekommen und haben in aller Ruhe das gelbe Haus weiter unten in der Straße ausgeräumt.

Da Paola nicht da war, beschloss ich, auf dem Sofa im Wohnzimmer zu schlafen und das Licht anzulassen. Zusätzlich hatte ich die Eingangstür mit dem Kinderschutzgitter verrammelt und mich mit einem schweren Schöpflöffel aus Eisen bewaffnet. Ein Messer schien mir doch etwas übertrieben.

Etwa um drei schreckte ich aus dem Schlaf hoch. Ich hatte ein Geräusch gehört. Im Fernsehen hatte ich spätabends noch einen Horrorschocker gesehen, der nicht gerade zu meiner Beruhigung beigetragen hatte. Mein Herz schlug mir bis zum Hals, ich packte den Löffel und lauschte. Wieder ein Geräusch, es kam von unten. Ich umklammerte den Löffel und schlüpfte in die Flipflops. Dann ging ich zur Treppe und rief: »Ist da jemand?« Nichts. Die Antwort »Ja, wir sind die Einbrecher« wäre auch eher unwahrscheinlich gewesen, aber in solchen Momenten denkt man nicht nach. Mit einem Quietschen öffnete ich das Kinderschutzgitter, das normalerweise Melania davon abhalten soll, die Treppe runterzufallen, und schlich ganz leise und behutsam nach unten. Ich brauchte bestimmt eine Minute pro Stufe. Dabei wedelte ich mit dem Löffel herum wie ein Jedi-Ritter mit einem Laserschwert. Die letzte Stufe sprang ich nach unten, den Löffel nach vorne gereckt, auf das Schlimmste gefasst.

Im Abstellraum steckte ein Hund in einem Campingklappbett fest. Der Hund war Garrett. Er war aufs Bett gesprungen, und die mechanische Feder hatte sich gelöst. Jetzt war er gefangen wie im Tellereisen eines Wilderers. Cordelia betrachtete die Szenerie aus gebührendem Abstand. Ich befreite Garrett, klappte das Bett wieder auf und ließ ihn zum Pinkeln nach draußen, um später keine weiteren unliebsamen Überraschungen erleben zu müssen.

Kaum hatte ich die Tür des Abstellraums geöffnet, raste Garrett bellend davon, gefolgt von Cordelia. Da es drei Uhr morgens war, rannte ich sofort hinterher, um die beiden zurückzuholen. Garrett stand hechelnd am Zaun und bellte in Richtung Wald, als wären dort Außerirdische gelandet. Ich hörte Blätter rascheln, packte den Löffel fester und überlegte, ob die massive gusseiserne Pfanne nicht die bessere Wahl gewesen wäre, aber die guten Ideen kommen einem ja immer zu spät.

»Wer ist da?«, schrie ich in die Dunkelheit.

Ich hörte Schritte – Schritte, die näher kamen. Instinktiv reckte ich die Schöpfkelle über den Kopf.

»Ich habe Geräusche gehört«, sagte der Nachbar und wedelte mit einer Luftpumpe.

»Du schon wieder, ich hätte fast einen Herzinfarkt bekommen!«

Der Nachbar schaltete eine kleine Taschenlampe ein und leuchtete mir ins Gesicht.

»Hast du Suppe gemacht? Mitten in der Nacht?«, fragte er.

»Ach was, ich habe einfach nach dem Erstbesten gegriffen.«

Dann hörten wir erneut Schritte und fuhren herum.

»Wer ist da?«, fragten wir fast synchron.

»Ich habe Geräusche gehört«, sagte Nachbar Nummer zwei.

Als er näher kam, erkannten wir, dass er einen Feuerhaken in der Hand hielt.

Sollte tatsächlich ein Einbrecher in der Nähe sein, können wir ihn schlagen, stechen und aufpumpen.

Das Puzzle

Im Auto, auf dem Weg in die Vorschule. Ich fasse mir mit der linken Hand ins Gesicht.

»Mist, ich habe die Brille zu Hause vergessen!«

»Aber dann siehst du doch gar nichts!«

»Doch, Ginevra, zum Glück kann ich trotzdem was sehen. Ich sehe nur auf einem Auge schlecht.«

»Nimmst du die Brille beim Schlafen ab?«

»Klar, dann brauche ich sie ja nicht.«

»Und du hast Angst, dass sie kaputtgeht.«

»Ja, auch.«

»Aber deine rote Brille hast du schon kaputt gemacht.«

»Stimmt.«

»Und die blaue auch. Da fehlt ein Glas.«

»Ja, allerdings.«

»Papa, du machst alles kaputt!«

»Tja.«

»Sogar dein Auto.«

»Oh ja.«

»Die Mama auch.«

»Jetzt übertreibst du aber.«

»Wir tauschen sie am besten um.«

»Wen? Das Auto oder die Mama?«

»Die Mama!«

»Und gegen wen tauschen wir sie um? Gegen die Mama von Martina Fiacconi?«

»Nein.«

»Oder gegen die von Mattia?«

»Nein.«

»Außerdem war die Mama schon kaputt, bevor ihr auf der Welt wart.«

»Melania und ich?«

»Auch schon vor Virginia.«

»Und warum?«

»Hmm, wie soll ich dir das erklären? Bevor ihr geboren wurdet, haben ihr einfach ein paar Teile gefehlt. Und dann seid ihr auf die Welt gekommen, und ZACK! – war alles in Ordnung.«

»Wie bei einem Puzzle?«

»So ähnlich.«

»Und war das auch bei dir so?«

»Ja, ein bisschen schon.«

»Und wer hat dich wieder in Ordnung gebracht?«

»Ihr natürlich, aber vor allem die Mama.«

»Dann könnte sie auch deine Brille wieder in Ordnung bringen!«

»Stimmt, ich frage sie mal.«

»Papa?«

»Ja?«

»Dich behalten wir trotzdem.«

Der Mann, der nie lacht

Heute Morgen habe ich einen Mann gesehen, der in den Mülltonnen wühlte. Ich wollte die Mädchen in die Schule bringen, aber vor dem Gebäude war kein Parkplatz mehr frei, deshalb fuhr ich zweimal um den Block und parkte schließlich neben zwei gelben Kleiderspende-Containern der Caritas. Als ich zurückkam, habe ich den Mann entdeckt, allem Anschein nach ein Obdachloser. In der Stadt sieht man öfter welche, aber hier war mir bisher noch keiner aufgefallen.

Auf der anderen Straßenseite stand ein kräftiger Mann um die sechzig in einer grünen Weste, der ihm mit verschränkten Armen zusah. Er wirkte erst überrascht, dann zunehmend verärgert.

»Wühl bei dir zu Hause rum!«, schrie er ihn schließlich an.

Das »bei dir zu Hause« verstand ich zuerst nicht, aber kurze Zeit später fiel mir auf, dass der Mann, dessen Gesicht von einer rot-weiß gestreiften Wollmütze verdeckt war, ein Farbiger war. Ich wollte dem Nörgler auf der anderen Straßenseite gerade die passende Antwort geben, als mir eine zierliche alte Dame zuvorkam.

»Was willst du eigentlich? Wenn er im Container wühlt, heißt das nur, dass er arm ist!«, schrie sie dem Typen entgegen.

Der Mann in Grün war verblüfft, damit hatte er nicht gerechnet. In diesem Augenblick zog der Farbige ein Paar rosa Plastikclogs aus dem Container. Er betrachtete sie von allen Seiten und steckte sie in eine gelbe Plastiktüte. Dann winkte er der alten Frau zu, als würden sie sich schon kennen, und ging ohne ein Wort davon. Am liebsten hätte ich die Frau umarmt, reichte ihr aber nur stumm die Hand. Sie musterte mich misstrauisch von oben bis unten. Dann schlug sie ein.

»So ein unverschämter Kerl, der sollte dankbar sein, dass das Leben es so gut mit ihm meint«, sagte sie und wedelte mit dem Schirm in Richtung des Mannes auf der anderen Straßenseite.

»Alte Nervensäge!«, keifte der zurück.

»Danke gleichfalls!«, rief nun wieder sie.

Der Mann machte Anstalten, die Straße zu überqueren, doch als er mich sah, zögerte er, wich zurück und verschwand. Nicht jedoch, ohne uns noch einmal mit einer Handbewegung zu drohen, die wohl bedeuten sollte: »Schert euch doch zum Teufel!«

»Sie sollten vorsichtig sein«, sagte ich zu der alten Dame.

»Ach was! Den Kerl kenne ich, seit er zehn war, der hat immer was zu meckern!«

Ich musste lachen, drückte der Frau beim Abschied noch einmal die Hand, stieg ins Auto und fuhr los. An der Ampel sah ich den Mann vom Container wieder, der die Clogs einem etwa zehnjährigen Mädchen in die Hand drückte. Das Mädchen lachte glücklich, der Mann nicht.

Die Taschen voller Steine

Die letzten Tage war unser Haus ein regelrechtes Lazarett. Melania hat die ganze Familie mit einem heimtückischen Virus angesteckt, der »Exorzist« ist nichts dagegen. Ginevra und Melania haben das Haus seit fünf Tagen nicht verlassen, Virginia hat erst heute Morgen kapituliert. Davor hat sie uns beneidet, weil sie als Einzige morgens aufstehen und in die Schule musste, ohne die Solidarität der Schwestern und ohne Mamas Frisierkünste. Ich war mit den Nerven dermaßen am Ende, dass ich sie sogar angeschrien habe.

Als sie gestern ihre Hausaufgaben gemacht hat, habe ich sie heimlich beobachtet und mich daran erinnert, wie sie früher aussah, mit ihren widerspenstigen Löckchen. Wie sie mit zwei das »Dschungelbuch« auswendig konnte und beim Durchblättern mitsprach, während ich sie heimlich filmte, um meinen Freunden stolz beweisen zu können, dass meine Tochter mit zwei Jahren schon lesen konnte. Heute geht sie in die Schule, wechselt ihre Ansichten Tag für Tag, über ihrem Bett hängt das Poster eines Popstars, und es wird nicht mehr lange dauern, bis ich ihr völlig egal bin.

Vater zu sein ist grausam.

Deine Tochter ist nur einmal acht, nur einmal vier und nur einmal zwei, und du bist jeden Tag, jede Stunde, jede Minute mit Fragen konfrontiert, auf die es keine vorgefertigten Antworten gibt. Zwar machst auch du zwischen fünfunddreißig und vierzig neue Erfahrungen und tust dies und das, aber du hast das Gefühl, dass du im Grunde derselbe bleibst. Kinder zwischen zwei und acht dagegen lernen sprechen, schreiben und Gedanken in Worte zu fassen. Sie entwickeln Vorlieben und werden mit jedem Tag selbstständiger. Was du aber nicht weißt, ist, dass auch du nicht derselbe bleibst. Während sie leben lernen, lernst du, Vater zu sein. Das ist, als würdest du ein zweites Mal leben lernen. Du lernst, nicht mehr nur an dich zu denken, sondern für andere da zu sein. Du lernst, dass alles ganz schnell vorbei ist und du das Glück dieses Lächelns jetzt genießen musst, auch wenn du müde bist. Dieses oder jenes Spiel zu spielen, auch wenn du genervt bist, dieses wunderbare, sechzehn Kilo schwere Paket zu ertragen, das nur auf deinem Bauch einschlafen kann. Auch wenn du völlig erschlagen bist und alles darum geben würdest, dich auf den Bauch drehen und schlafen zu können, und zwar ohne dass dir die kleine Hand in der Nase bohrt. Tatsache aber ist, dass deine Nasenlöcher auch in fünf Jahren noch genauso sein werden wie jetzt, diese kleine Hand aber nicht. Und auch der Wunsch dieses kleinen Päckchens, auf deinem Bauch zu schlafen, geht vorbei, und du wirst jeden Tag verfluchen, an dem du diese Last nicht genossen hast, an dem du ihnen nicht über die Haare gestrichen hast, als sie in Reichweite waren. Spätestens dann, wenn ihnen Dinge wichtig sind, bei denen du keine Rolle mehr spielst, wenn du nicht mehr in der ersten Reihe sitzt, sondern vor der Tür, wirst du dich absichtlich auf den Rücken legen, um dich an dieses Gefühl zu erinnern.

Vater zu sein lehrt dich, immer voll und ganz bei der Sache zu sein. Ich weiß, dass manche Leute das können, ohne Kinder zu haben. Das ist sicherlich eine Frage der Einstellung, oder der Intelligenz. Etwas Naturgegebenes, wie man so schön sagt. Aber so intelligent bin ich nicht. Ich habe es erst durch die Kinder gelernt.

Früher habe ich meine Zeit verschwendet, heute genieße ich jeden Tag. Ich fühle mich nicht wie ein Erwachsener, der immer älter wird, während seine Kinder heranwachsen. Ich komme mir eher wie ein Landstreicher vor, der sich auf seinem Weg die Taschen mit Steinen volllädt. Jeder Stein ist eine Erinnerung, die mir sagt, wer ich bin. Jeder Stein macht mich ein bisschen schwerer und verlangsamt meinen Schritt, macht mich aber auch präsenter im Hier und Jetzt. Die Steine machen mich zum Fundament für die Zukunft meiner Kinder. Und für diese Zukunft kämpfe ich jeden Tag, arbeite selbst dann, wenn ich Fieber habe, opfere meinen Schlaf, damit andere mich als Unterlage benutzen können, lasse es zu, dass die Wände im Haus mit Filzstiften vollgekritzelt werden, denn Wände sind nur Wände. Was wirklich zählt, zumindest für mich, sind die Steine, die ich bei mir trage, solange meine Taschen halten. Wenn sie dann herunterfallen, können andere sie auflesen. Einige Erinnerungen werden weiterexistieren, ich tippe sie morgens um neun ins iPad, mit einer Tasse kaltem Kaffee auf der Sofalehne, während eines der Kinder mit dem Kopf auf meinen Knien schläft und mein Rücken noch stark ist und in meinen Taschen noch Platz für weitere Steine.

Frühling

Pusteblumen

»Heute Abend mähen wir endlich den Rasen …«

»Nein, Papa!«

»Warum nicht?«

»Dann schneidest du alle Pusteblumen ab!«

»Soll ich mit dem Rasenmäher etwa drum herumfahren, Ginevra?«

»Nein, warte mal!«

»Was denn?«

»Ich geh raus, puste sie alle weg, und wenn ich fertig bin, rufe ich dich!«

Der Moment davor

Der Frühling kommt, und ich habe keine Lust. Im Garten zwitschern die ersten Vögel, die Krähen sind in den Wald zurückgekehrt, und gestern Mittag um eins waren es fünfzehn Grad in der Sonne.

Ich mag den Frühling nicht, er ist ein Klischee, nichts weiter. Das wiedererwachende Leben interessiert mich nicht, mich interessiert mehr das Leben, das sich schüchtern unter der Asche verbirgt. Ich mag das Warten davor, die schlummernde Hoffnung, das Gefühl der Leere, bevor man die Flügel ausbreitet, das Versprechen, das in der Kälte wohnt. Astrologische Zeichen haben mich schon immer fasziniert – nicht die Horoskope, wohlgemerkt. Mein Element im Tierkreis ist das Wasser, das stehende Gewässer, das im Gegensatz steht zum strömenden Wasser des Flusses. Für mich war das Bild eines Teiches schon immer perfekt, er spiegelt mein Wesen vollkommen wider. Das sprudelnde Leben unter der fauligen, unbeweglichen Oberfläche. Das, was man nicht sieht, nicht einmal erahnt, was aber dennoch da ist. Die unermüdliche Aktivität unter der sichtbaren Oberfläche.

Der Frühling ist das zurückkehrende Leben. Fassade. Der Winter ist die Brutzeit, das sich entwickelnde Leben. Der Frühling ist das ausgeschlüpfte Küken, das die Schale des Eis bereits durchstoßen hat, der Winter ist das Küken, das von dem träumt, was es einmal werden wird, das sich Zeit lässt, das unter dem Schnee atmet und weiß, dass es irgendwann das

Licht der Welt erblicken wird. Der Widerspruch zwischen dem, was ist, und dem, was sein kann.

Wie Robert Frost, der in seinem Gedicht »The Road Not Taken« am Scheideweg steht und sich vor seiner Entscheidung noch einige Minuten in das Gasthaus am Waldrand setzt, eine warme Milch mit Whisky trinkt und schweigend seine Zukunft plant. Und dann die weniger befahrene Straße wählt.

Der Moment vor dem ersten Schritt, die erste Minute des ersten Tages vom Rest deines Lebens. Des Lebens, das du gleich für dich wählen wirst.

Der blaue Roller

Ginevra und ich gehen die Treppe runter, nachdem wir Melania in den Kindergarten gebracht haben.

Unten, direkt neben der Tür, steht ein blauer Roller. Ginevra sieht ihn voller Bewunderung an.

»Papa, wem gehört der Roller?«

»Keine Ahnung, vielleicht einem Jungen, der seinen Bruder oder seine Schwester in den Kindergarten gebracht und ihn da abgestellt hat.«

»Der war gestern auch schon da.«

»Dann hat er ihn gestern auch gebracht.«

Wir gehen durch den Garten. Am Tor bleibt Ginevra stehen und dreht sich um.

»Vielleicht ist er tot.«

»Bestimmt nicht, Ginevra.«

»Woher willst du das wissen?«

»Weil Roller immer mit ihren Besitzern in den Himmel kommen.«

Sie fixiert mich misstrauisch.

»Und was ist mit Autos? Kommt deins mit dir in den Himmel, Papa?«

»Ähm, ja. Es sei denn, du brauchst es.«

»Nein, nein, nimm es ruhig mit.«

»Gut.«

»Lass mir lieber etwas zum Spielen und die Mama da.«

Über Liebe spricht man nicht

Paola weiß es nicht, aber ich beobachte sie. Ich beobachte sie, wenn sie schläft, wenn sie telefoniert, wenn sie schreibt. Beim Schreiben lebt sie auf, auch wenn sie manchmal auf dem Stuhl hängt wie ein blinder Kormoran. Manchmal erhasche ich im Badezimmerspiegel einen Blick auf sie, wenn sie sich gerade anzieht, wie in diesen romantischen Filmen. Nur dass ich nicht Richard Gere bin, der sich nach dem Sex im Bett faul auf den feuchten Laken rekelt. Sondern mich aus dem Schlafzimmer schleiche, um sie zu betrachten.

Jeden Tag entdecke ich etwas Neues an der jungen Frau, die an einem Julitag das Haar zu einem Pferdeschwanz band und aus deren Augen ein wunderbares Versprechen blitzte. An diese Erinnerung habe ich mich in schwierigen Momenten geklammert, denn natürlich gab es auch die. Die Menschen, die du liebst, gehen dir unter die Haut.

Aber eigentlich will ich gar nicht über die Liebe sprechen, denn für die Liebe gibt es keine Worte, und deshalb war es das jetzt. Nur eines noch:

Ich habe einmal gelesen, dass es das Ende einer jeden Beziehung ist, wenn man nicht gemeinsam wächst. Das stimmt so nicht. Es ist gar nicht so wichtig, gemeinsam zu wachsen. Eine Beziehung stirbt, wenn der eine den anderen nicht wachsen lässt. Wenn er nicht respektiert, dass er Zeit für sich braucht. Eine Partnerschaft basiert darauf, warten zu können, Ungeduld ist für viele Beziehungen das Todesurteil. An manchen Tagen ist es nahezu unmöglich zu akzeptieren, dass da nur das ist, was eben da ist. Und man vielleicht gerade in solchen Momenten mehr will. Manchmal hat man sogar das Gefühl, ganz allein zu sein, und man fragt sich, wo der andere geblieben ist.

Paola und ich müssen oft aufeinander warten. Manchmal bin ich da, manchmal sie, manchmal keiner von uns beiden. Wenn wir uns dann zufällig treffen, wie zwei Menschen an der Bushaltestelle, ist es am schönsten, schon deshalb, weil der Bus nie kommt.

Mittlerweile haben wir drei Kinder, schreiben Geschichten, zahlen Zinsen für Kredite und haben Spaß. Wir bestellen Pizza in rauen Mengen. Und lieben uns in der wenigen Zeit, die übrig bleibt. Denn wenngleich die Paarbeziehung das Fundament der Familie bildet, ist sie, wie alle Fundamente, verborgen und oftmals unsichtbar. Und zwar bis zu dem Punkt, wo man sie manchmal fast vergisst, und um sie wieder zu fühlen, muss man schon Fantasie und Vertrauen in die Zukunft haben. Davon haben Paola und ich mehr als genug, und wir kennen außerdem ein paar Tricks: Wir flirten im Flur oder wo immer wir uns im Haus treffen, und jedes Mal, wenn ich sie umarmen möchte, hat sie gerade eine randvolle Tasse Tee in der Hand. Manchmal treibe ich Paola zur Weißglut, weil ich immer gerade zufälligerweise den Abwasch mache oder Koteletts paniere, wenn ihr danach ist, mich zu umarmen. Unser Alltag besteht aus verpassten Umarmungen. Aber im Grunde ist das alles nur Taktik, damit die unerwarteten Umarmungen dann umso schöner sind.

Jedenfalls betrachte ich ihr Spiegelbild, oder beobachte sie beim Schreiben. Sie blüht dabei regelrecht auf, obwohl sie manchmal Grimassen schneidet wie ein Leguan. Ich betrachte sie, wenn sie schläft, und wenn sie schnarcht wie Popeye im Vollrausch, rolle ich sie zur Seite.

Letzte Nacht musste ich alleine schlafen. Ich habe mich hin und her gewälzt. Ohne ihr Schnarchen kam es mir im Schlafzimmer vor wie auf einer Party, bei der die Musik schon aus und das letzte Sandwich mit der zerknitterten Schweizer Flagge aufgegessen ist.

Aber das alles weiß sie nicht, das behalte ich lieber für mich.

Das Schloss

Im Auto, auf dem Weg in die Vorschule.

»Wenn ich vier werde, darf ich dann auch Auto fahren?«

»Nein, Ginevra. Um Auto zu fahren, musst du sehr viel älter sein. Und man braucht eine Erlaubnis, die heißt Führerschein.«

»Und mit fünf?«

»Auch nicht.«

»Sieben?«

»Nein, Ginevra. Um Auto zu fahren, muss man mindestens achtzehn sein.«

»Achtzehn?«

»Genau.«

»Das ist ja uralt.«

»Ich weiß, aber so sind nun mal die Regeln.«

»Und du bist schon achtzehn, Papa?«

»Oh ja, sogar viel älter.«

»Wie alt?«

»Hm. Über vierzig.«

»Vierzig?«

»Genau.«

»Dann bist du ja älter als der Opa!«

»Übertreiben wir mal nicht.«

»Aber der Opa ist erst zwanzig.«

»Zwanzig? Der Opa? Wer hat dir das denn erzählt?«

»Na, der Opa. Und er hat auch gesagt, dass er mir ein gelbes Auto schenkt, wenn wir heiraten. In seinem Schloss.«

»Schloss? Auto? Aber du wolltest doch mich heiraten!«

»Nein, ich heirate den Opa.«

»Und warum?«

»Du bist mir zu alt.«

Zwei Tage bei den Großeltern, und schon stehe ich in den Augen meiner Tochter mit einem Fuß im Grab. Mein Vater bekommt nachher was zu hören. Vorausgesetzt, er hat Netz in seinem Schloss.

Supermarktkassiererinnen lesen Bukowski

Supermarktkassiererinnen mustern dich herausfordernd, denn sie wissen genau, dass der Weg zur Freiheit unweigerlich an ihnen vorbeiführt.

Sie sind Forscherinnen, die deinen Einkauf analysieren. Sobald du deine Waren auf das Band legst, ahnen sie, wer du bist, und ziehen unmerklich die Augenbrauen hoch. Viele Jahre lang haben sie mir verschwörerisch zugezwinkert, damals, als ich noch ein Rebell und Single war, mit der selbstsicheren Ausstrahlung eines Mannes mit festem Job. Als noch Tennent's Lagerbier, handgemachte Pasta, Lachs und Thunfisch für Sushi und Markenkaffee auf meinem Band lagen. Als ich mir all das noch leisten konnte.

Mittlerweile spricht nur noch Mitleid aus ihrem Blick mit dem angepassten Langweiler, der Pasta aus dem Angebot, riesige Windelpackungen, ultrahocherhitzte Milch und Milchpulver im Einkaufswagen hat.

Kaum habe ich bezahlt, schieben sie meinen Einkauf in eine Ecke und überlassen mir großzügig ein paar Tüten aus biologisch abbaubarem Plastik, die regelmäßig am Haltegriff reißen, noch bevor ich zu Hause angekommen bin.

Heute aber ist es anders.

Aus dem Blick der Kassiererin spricht Wohlwollen, während ich die Einkäufe auf das Band lege. Das bilde ich mir nicht ein. Wann immer sie hochsieht, bleibt ihr Blick an mir hängen, die ganze Zeit.

Sie ist um die dreißig, ihre roten Haare sind zu einem Pferdeschwanz zusammengebunden, ihre Haut ist sehr blass. Als sich unsere Blicke kreuzen, weiß ich nicht, ob ich mich geschmeichelt fühlen oder verlegen sein soll. Sollten doch noch Reste meines verruchten Charmes übrig geblieben sein? Eine Patina, die selbst drei Töchter, unzählige schlaflose Nächte und zwei laufende Kredite nicht vollständig weggekratzt haben? Mit mir und der Welt zufrieden, verstaue ich meine Einkäufe in der letzten Tüte.

»Sind Sie nicht Matteo Bussola?«, fragt sie plötzlich.

Ich bin gerade dabei, die EC-Karte in den EC-Kartenleser zu stecken, und lasse sie vor Schreck fallen.

»Äh, ja.«

Aus zusammengekniffenen Augen sehe ich sie an, auf der Suche nach einem Indiz, woher ich sie kennen könnte.

»Ich lese deine Facebook-Seite«, sagt sie.

»Oh, danke.«

Sie hält inne, als wolle sie mir gleich ein Geheimnis anvertrauen.

»Deine Art zu schreiben erinnert mich an Bukowski.«

»Na ja, das ist wohl ein bisschen übertrieben. Jedenfalls trinke ich nicht mehr.«

Sie lächelt. Sie weiß nicht, dass ich ihr gerade etwas verraten habe, das nur wenigen bekannt ist. Vielleicht weiß ich auch deshalb nicht, was ich jetzt sagen soll. Ich bin schüchtern geworden, an Small Talk bin ich nicht mehr gewöhnt.

»Ich muss jetzt los.«

Ich verabschiede mich, greife nach meinen Tüten und verschwinde. Draußen regnet es, ich beeile mich. Während ich die Tüten in den Kofferraum lade, kommen mir drei Dinge in den Sinn, und zwar in folgender Reihenfolge:

1. Die Situation hat mich dermaßen überfordert, dass ich sie nicht einmal nach ihrem Namen gefragt habe.
2. Vielleicht schreibe ich wirklich wie der gute alte Charles. Wow.
3. Entgegen allen Klischees: Supermarktkassiererinnen lesen Bukowski.

Das wäre ein super Titel für eine Geschichte. Und jetzt schreibe ich sie.

Eltern sein

Letzte Nacht konnte ich nicht schlafen. Also habe ich die Fernbedienung unter den Decken hervorgekramt und den Fernseher angemacht. Es lief gerade eine dieser Spätsendungen, bei denen sich Schriftsteller und Wissenschaftler über ein Thema streiten. Ich habe nicht herausfinden können, um was genau es ging, aber irgendwann fiel ein Satz, der mich nachdenklich gemacht hat.

Nämlich, dass denaturierter Alkohol erwiesenermaßen kein Desinfektionsmittel ist.

Ebenjene Substanz, die Mütter und Großmütter seit Generationen auf Wunden und aufgeschürfte Knie tupfen. Nicht nur, dass dieser Alkohol kein Desinfektionsmittel ist, er ist sogar giftig. Ungläubig sah ich im Internet nach. Tatsächlich.

Seit Generationen haben die Kinder recht. Sie weinen und behaupten, dass es brennt, und genau so ist es. Alkohol brennt und nutzt überhaupt nichts. Aber auf Kinder hört ja niemand.

Eine ziemlich üble Vorstellung, aber auch irgendwie bezeichnend und kraftvoll. Plötzlich ergeben viele Dinge, die ich schreibe, mehr Sinn.

Die Geschichten über meine Töchter, unsere Autofahrten oder ihre witzige Sicht auf die Welt sind vielleicht mein Versuch, ihnen richtig zuzuhören. Mich daran zu erinnern, dass meine Rolle als Erwachsener und Vater nicht darin besteht, recht zu haben, sondern anzuerkennen, was richtig und was falsch ist. Nicht nur zu beschützen, sondern auch beschützt zu werden. Nicht nur zu führen, sondern auch geführt zu werden. Dass Kinder zwar nicht automatisch recht haben, nur weil sie Kinder sind, aber dass sie das Recht auf eine eigene Meinung haben.

Der wichtigste und schwierigste Teil des Elternseins besteht vielleicht gerade darin, immer darauf zu achten, dass man den eigenen Kindern die Haut nicht mit Alkohol verbrennt, nur weil wir glauben, dass wir als Erwachsene immer alles besser wissen.

Der Frühling taugt nichts

Im Auto, auf dem Weg in den Kindergarten.

»Papa, warum kommt der Frühling nur einmal?«

»Wie meinst du das? Der kommt doch jedes Jahr wieder.«

»Wie der Weihnachtsmann?«

»So ungefähr.«

»Aber der Frühling bringt keine Geschenke.«

»Na ja, das kommt darauf an. Er bringt zum Beispiel Primeln. Und Veilchen. Und Wildschweine im Wald.«

»Und man kann ans Meer.«

»Nein, Ginevra, ans Meer fährt man erst im Sommer.«

»Ach, Manno.«

»Was denn?«

»Der Frühling taugt nichts.«

April, April

Das erste Mal, dass ich in den April geschickt worden bin, war im Frühling 1983.

Antonio hatte mir erzählt, dass das blonde Mädchen aus der letzten Reihe mich toll finden würde. Das Mädchen hieß Vittoria und war meine zweite große Liebe. Von der ersten, Arianna, hatte ich mich in der Vierten verabschieden müssen, als sie umzog.

Bei Vittoria schickte ich sicherheitshalber meinen Freund Riccardo vor. Selbst zu fragen, traute ich mich nicht, aber ich wollte unbedingt wissen, ob sie mich wirklich mochte. Riccardo ging in der Mittagspause zu ihr, während sie gerade ihre Bücher in den Ranzen packte. Er fackelte nicht lange: »Stimmt es, dass du Matteo gut findest?«

Ich kniete neben der Tür des Klassenraums und tat so, als würde ich mir einen Schuh zubinden. Sie warf mir einen Blick zu und sagte nur: »Nein.«

Riccardo kam zu mir und berichtete mir, was ich bereits wusste. Ohne mir etwas anmerken zu lassen, stand ich auf und ging zum Bus. Auf dem Weg traf ich auf Antonio.

»April, April!«, rief er lachend.

Ich lachte mit, denn Antonio war zwei Klassen über mir, und ich wollte es mir mit ihm nicht verscherzen. Dann fuhr ich nach Hause. Zu Mittag gab es Gnocchi. Ich hatte keinen Appetit und schloss mich nach dem Essen in meinem Zimmer ein. Meine Mutter kam und fragte, ob alles okay wäre, und ich sagte, in der Schule wäre es nicht so gut gelaufen. Sie verstand sofort. Am Nachmittag gab sie mir Geld, damit ich mir zum Trost etwas kaufen konnte. Ich entschied mich für eine Kassette von Julio Iglesias, genau das Richtige für meine Stimmung.

Gestern wollte ich mir eine Folge »Goldrake« ansehen, als Virginia mir einen kleinen Zettel an den Rücken klebte. »Umdrehen!«, sagte sie und kicherte. Als sie weg war, zog ich den Zettel ab. Sie hatte geschrieben: »Ich liebe die Mama von Vittoria.« Die Vittoria, um die es hier ging, war die Vittoria aus ihrer Klasse. Beim Lesen musste ich grinsen. Ich ging ins Wohnzimmer, wo Melania damit beschäftigt war, den Fußboden mit einem blauen Filzstift zu bemalen. Ich nahm sie mit nach oben, aber sie rannte ins Wohnzimmer zurück, holte einen orangefarbenen Stift aus der Box und malte weiter. Während ich heute für die drei Frühstück machte, musste ich erneut grinsen. Auf dem Tisch lag ein Zettel, auf dem stand: »Ich liebe Papa.«

Respekt

Gestern erzählte Ginevra, dass sie in der Vorschule manchmal geärgert und sogar gehauen wird. Wir waren ziemlich verblüfft, denn zu Hause ist Ginevra eine echte Kämpfernatur, und es fiel uns schwer, sie uns als Opfer vorzustellen. Aber tatsächlich behaupteten ein paar Mädchen, sie hätte Chiara beschimpft, was gar nicht stimmte, und zogen sie an den Haaren und boxten sie. Zuerst vertraute sie sich ihrer Mama an. Als ich Paola fragte, was sie ihr geraten habe, antwortete sie, sie hätte Ginevra ermutigt zurückzuschlagen. Als sei es die natürlichste Sache der Welt. Ich weiß sehr wohl, warum Paola das gesagt hat, und ein Teil von mir weiß auch, dass sie recht hat. Jeder, der selbst einmal in der Opferrolle war, weiß das. Heute im Auto habe ich versucht, selbst mit Ginevra über das Problem zu sprechen. Ich habe sie gefragt, ob es stimmte, dass sie geärgert und gehauen würde, und von wem. Als sie mir nicht verraten wollte, wer es war, versuchte ich ihr zu erklären, dass Gewalt zwar eigentlich keine Lösung sei, aber dass man sich trotzdem manchmal verteidigen müsse.

»Und woher weiß ich, wann es Verteidigung ist und wann nicht?«, fragte sie.

»Wenn dich jemand haut, dann haust du nur zurück, um dich zu verteidigen«, antwortete ich.

»Und wenn sie mich dann noch mal hauen? Oder an den Haaren ziehen?«

»Dann sagst du ihnen, sie sollen aufhören, sonst würdest du

es der Lehrerin sagen, und wenn das auch nicht hilft, dann gibst du ihnen einen Tritt«, meinte ich.

»Aber dann tue ich ihnen doch weh, Papa!«

»Tut es dir denn nicht weh, wenn sie dich hauen?«

»Schon, aber es sind doch meine Freundinnen!«

»Ginevra«, antwortete ich, »richtige Freundinnen hauen dich nicht und ziehen dir auch nicht an den Haaren. Deine Freundin Milena macht das doch auch nicht, oder?«

»Nein.«

»Na, siehst du.«

Sie dachte einen Moment nach.

»Papa, von Freundinnen hast du echt keine Ahnung.«

Ich musste lachen, wahrscheinlich hatte sie recht. Aber eins weiß ich: Respekt lernt man als Kind, oder zumindest fängt man im Kindesalter damit an, ihn zu lernen. Und ein Schlag, den man zu seiner Verteidigung austeilt, ist Mittel zum Zweck, denn so setzt man eine Grenze. Ein Stoppschild, ein Signal, dass niemand dich angreifen darf, ohne dass du dich wehrst. Diese Erfahrung ist ein wichtiger Schritt auf dem Weg zur Selbstständigkeit. Ich erinnere mich gut, wie ich als Kind mit Eugenio im Ferienlager war. Ich wollte unbedingt sein Freund sein, aber er schubste mich jedes Mal, wenn ich mit ihm reden wollte, auf den Boden. Eines Nachmittags habe ich mich gewehrt, und er war derjenige, der fiel. Ein tolles Gefühl, denn damit hatte er nicht gerechnet. Als er sich wieder hochgerappelt hatte, gab er mir eine so fürchterliche Ohrfeige, dass mein Vater sich bei seinen Eltern beschwerte. Danach ließ er mich in Ruhe. Aber ich wusste, dass das nichts mit unseren Eltern zu tun hatte. Und er wusste es auch.

Meine Mutter

In der Apotheke, es herrscht Hochbetrieb. Direkt neben mir steht ein gut gekleideter Mann um die fünfzig, der sich ein Tüchlein leger um den Hals geknotet hat. Vor uns eine alte Frau mit Schleier. Der Mann macht eine Kopfbewegung zu ihr hin, als wollte er sagen: »Hast du die gesehen?« Und ich mache mit der Hand eine Geste, als wollte ich sagen: »Was?«

»Die sind überall«, schimpft er leise, ohne sich darum zu kümmern, ob die verschleierte Frau ihn hören könnte. Mir liegt auf der Zunge: »Stimmt, Idioten wie du sind überall.«

Aber stattdessen sage ich: »Das ist meine Mutter.«

Die Frau dreht sich ein Stück zur Seite und lächelt mich an. Ich genieße den Gesichtsausdruck des Mannes, irgendwo zwischen wachsender Betretenheit und Tourist in Trekkingsandalen, der gerade in Elefantenscheiße getreten ist. Am liebsten hätte ich mit meinem Handy ein Foto gemacht, als Beweis dafür, in welch beschissener Welt ich lebe. Stattdessen habe ich diese Geschichte geschrieben.

Jungsfarben

Heute habe ich den Jungen mit dem blauen Roller gesehen.

Wir sind ihm am Eingang begegnet, als ich Melania zum Kindergarten gebracht habe. Wir wollen gerade reingehen, als er uns mit seiner Mama entgegenkommt, den Roller hält er am Lenker fest. Er ist etwa acht, mit blonden Haaren, vorne kurz und hinten lang, so wie in den Achtzigern. Ginevra betrachtet ihn mit einer Mischung aus Misstrauen und Enttäuschung.

»Hast du gesehen, Papa? Er ist nicht tot«, sagt sie auf der Treppe.

»Besser so.«

»Sonst wäre seine Mama sehr traurig.«

»Genau.«

»Und wenn er tot wäre, wüsste sie gar nicht, wem sie den Roller schenken sollte.«

»Stimmt, außerdem ist Blau eine Jungsfarbe.«

Sie bleibt auf einer Stufe stehen und sieht mich an.

»Was ist?«

»Aber Papa, Farben sind doch nur Farben, weißt du das denn nicht?«

Dann geht sie weiter und lässt mich auf der Treppe stehen, mit Melania an der Hand, in ihrem rosa Mäntelchen und einem wissenden Lächeln auf den Lippen.

Der perfekte Moment

Es gibt diesen einen Moment am Tag, diesen perfekten Augenblick zwischen Nachmittag und Abend. Wenn die Sonne zwischen den Pinien hinter dem Hügel verschwindet, es dämmriger wird, die letzten Strahlen lange Schatten auf die Wände im Arbeitszimmer malen und die leere Franziskanerflasche, in der meine Zeichenstifte stecken, geheimnisvoll funkelt. Alles spielt sich in wenigen Minuten ab. Das Licht schwindet, ich knipse die Schreibtischlampe an, die Hunde kommen aus dem Garten und geben mir zu verstehen, dass es Futterzeit ist. Über mir höre ich kleine Füße herumrennen, Paola kocht sich die x-te Tasse Tee, die sie dann neben der Spüle oder auf dem Bücherregal stehen lässt und vergisst. Ich denke darüber nach, was ich zum Abendessen kochen soll, während der Stift über das Papier gleitet, während sich das orangerote Licht des Sonnenuntergangs einen Wimpernschlag lang mit dem kalten Licht der Lampe mischt, während die Hand afrikanische Gesichter und felsige Landschaften zeichnet, die zwischen Licht und Dunkelheit zum Leben erwachen, in diesem fragilen Gleichgewicht zwischen dem Gewesenen und dem Kommenden, in dem alles möglich ist. Dann wählt das Auge, die Hand folgt, die Graphitmine bewegt sich, und die Sonne verschwindet hinter den Häuserdächern und hinterlässt erst einen orangefarbenen, dann einen violetten, dann einen silbernen Streifen. Und schließlich erscheinen alle Farben. Dann keine mehr. Und dann ist es dunkel.

Der Schokotaler

In der Küche, morgens um sieben Uhr dreißig.

»Papa.«

»Ja, Ginevra?«

»Heute gehst du besser nicht raus.«

»Meinst du?«

»Ja, du bleibst besser zu Hause. Du bist krank, die Mama bringt mich in die Schule.«

»Wenn Mama einverstanden ist, warum nicht.«

»So gewöhnt sich Mama schon mal daran.«

»An was?«

»Dass sie das immer machen muss, wenn du mal tot bist.«

»Ich hoffe doch sehr, dass ich erst dann sterbe, wenn ihr alle drei mit der Schule fertig seid und du schon lange einen Führerschein hast.«

»Ja, aber wenn du vorher sterben willst, dann mach dir keine Sorgen, sag mir einfach rechtzeitig Bescheid.«

»Danke, ich schreib dir einen Zettel, wenn es so weit ist.«

»Papa!«

»Was?«

»Ich kann nicht lesen!«

»Ach ja, richtig. Was machen wir denn da?«

»Wenn du sterben willst, legst du mir einen Schokotaler auf das Kopfkissen.«

»Gut.«

»Aber einen großen!«
»Okay. Oder sagen wir besser, zwei, sicher ist sicher.«
»Papa.«
»Mhm.«
»Kann ich gleich einen haben?«

Der Krümelpfad

Heute Morgen habe ich die Mädchen in den Kindergarten und in die Schule gebracht und jeder zwei Küsschen gegeben, eins von Paola und eins von mir. Dann bin ich in die Apotheke gegangen und habe zwei Medikamente gekauft, eins für Paola und eins für mich, dann war ich beim Bäcker und habe zwei Croissants gekauft, eins mit Marmelade für Paola und ein ungefülltes für mich. Anschließend bin ich nach Hause gefahren, habe mir den dritten Kaffee gemacht, bin damit ins Arbeitszimmer gegangen, habe zwei dringende Mails beantwortet, mein Konto überprüft und eine neue Seite vorbereitet. Wie jeden Morgen hat das Rotkehlchen an die Fensterscheibe geklopft, denn um diese Zeit kann es sich im Fenster sehen und erschreckt sich regelmäßig. Ich habe das Fenster geöffnet und ihm ein paar Krümel hingestreut, doch es hat Angst bekommen und ist weggeflogen.

Manchmal ist das auch mit Menschen so. Wenn man ihnen zu schnell die Tür aufmacht, bekommen sie Angst und laufen weg. Mit diesem Gedanken im Kopf griff ich nach dem Stift und machte mich an die Arbeit. Keine Ahnung warum, aber die Überlegung ließ mich einfach nicht los. Auch jetzt muss ich noch daran denken, beim Zeichnen erinnere ich mich an zwei verunsicherte Menschen, die beschlossen haben, einander zu vertrauen und nicht mehr wegzulaufen, und aus zwei Türen ist eine geworden. Hinter dieser Tür liegen lauter Krümel, sichtbare Zeichen für die Mühe, die es uns gekostet hat, einen Weg zu unserem Haus anzulegen. Wie der kleine Däumling, nur in umgekehrter Richtung. Diese Vorstellung gefällt mir. Das Haus beherbergt fünf Leben und zwei Wege, einen für Paola und einen für mich. Dort, wo die beiden Wege sich treffen, ist das Hier und Jetzt. Von hier geht ein neuer Krümelpfad los, der sich am Horizont verliert, wo jeden Tag aufs Neue eine Vision entsteht, wie es weitergeht.

Für Paola und für mich. Für uns.

Darf ich, Papa?

Wir steigen ins Auto, um in den Kindergarten zu fahren.

»Papa, darf ich zwei Pusteblumen mitnehmen?«

»Nein, Ginevra, nicht im Auto.«

»Bitte, nur eine.«

»Nein, denn wenn du im Auto pustest, landen die Samen überall und kleben auf den Sitzbezügen fest.«

»Und auf unseren Klamotten.«

»Genau.«

Während wir losfahren, schaut sie aus dem Fenster.

»Papa?«

»Ja?«

»Und was ist mit einer Amsel? Darf die mit?«

Daughter Go

Das Telefon klingelt, die Nummer ist unterdrückt.

Ich riskiere es trotzdem.

»Ja?«

»Guten Tag, Signor Matteo Bussola?«

»Das bin ich.«

»Ich grüße Sie, Signor Bussola. Ich bin Valentina von Sky.«

»Guten Tag, Valentina.«

»Ich rufe an, um Ihnen ein neues Produkt anzubieten, exklusiv für treue Kunden.«

»Aha.«

»Mit dem neuen Service Sky Go können Sie unser Programm überall empfangen, auch wenn Sie umziehen oder in den Urlaub fahren.«

»Ah, verstehe. Kein Interesse, danke.«

»Wirklich? Aber das ist eine tolle Sache.«

»Mag sein, aber glauben Sie mir, Valentina, ich möchte in den nächsten dreißig Jahren nicht umziehen. Und in den Urlaub fahre ich nur einmal im Jahr, eine Woche im Juli ans Meer.«

»Aber das Angebot ist kostenlos!«

»Nun gut, wir machen es so: Ich höre zu, Sie überzeugen mich.«

»Gerne. Stellen Sie sich vor, Sie fahren ans Meer. Aber im Ferienhaus haben Sie kein Fernsehen. Mit Sky Go können Sie auf alle Sky-Dienste zugreifen, sogar am Strand.«

»Am Strand?«

»Aber ja.«

»Mal davon abgesehen, dass ich am Strand meistens lese oder von meinen Kindern eingebuddelt werde, habe ich dort kein Fernsehgerät dabei. Und wie nutze ich dann alle Ihre Dienste? Durch Projektion auf den Sand?«

»Natürlich über Ihr Tablet oder Ihr Smartphone.«

»Ach so, man braucht ein Smartphone. Dann vergessen Sie's, ich habe keins.«

»Wie, Sie haben kein …«

»Ich habe ein altes Nokia aus dem Jahr 2002. Ein Ersatzgerät für mein kaputtgegangenes Motorola, das ich damals zum Diplom geschenkt bekommen habe. Ich kann damit telefonieren, das reicht mir.«

»Und was ist mit einem Tablet?«

»Ein iPad? Ein iPad habe ich.«

»Na also.«

»So weit, so gut. Ich bin am Meer, mit meinem Tablet und diesem Sky-Dings. Aber einen Handyvertrag brauche ich trotzdem, oder? Korrigieren Sie mich, wenn ich falschliege. Mein Tablet braucht einen Internetzugang und Netz.«

»Natürlich.«

»Aha, sehen Sie, das habe ich nicht.«

»Wie, das haben Sie nicht?«

»Ich habe keine aktive Internetverbindung auf dem Tablet, das ist mir zu teuer. Ich nutze mein iPad nur zu Hause und verbinde mich dort mit dem Netz.«

»Aber wozu brauchen Sie es denn dann? So ein Tablet ist per Definition ein tragbares Gerät für unterwegs. Das wäre ja so, als hätten Sie ein Handy und würden nur zu Hause damit telefonieren.«

»Na und? Tragbar ist tragbar, oder? Wir benutzen das Tablet vor allem, um uns im Bett ›Peppa Wutz‹ auf Youtube anzusehen.«

»Fantastisch! Mit Sky Go könnten Sie natürlich auch Zeichentrickfilme im Bett schauen, hätten aber ein viel größeres Angebot!«

»Ja, aber im Schlafzimmer steht auch ein Fernseher. Mit Sky. Warum sollte ich mir dann Sky auf dem Tablet anschauen, im Bett, meine ich.«

»Sorry, aber wenn Sie einen Fernseher im Schlafzimmer haben, warum schauen Sie dann ›Peppa Wutz‹ auf Youtube und nicht im Fernsehen auf Sky?«

»Weil auf dem Fernseher schon ›Dora‹ läuft, übrigens auch auf Sky.«

»Tut mir leid, aber da blicke ich nicht mehr durch.«

»Valentina.«

»Ja?«

»Sie haben keine Kinder, oder?«

»Nein.«

»Dachte ich mir. Ich mache Ihnen einen Vorschlag.«

»Einen Vorschlag?«

»Wollen Sie vielleicht eins?«

»Bitte?«

»Ein Kind? Ich schicke Ihnen sofort eins vorbei, ohne weitere Verpflichtungen, zur Probe.«

»Nach Hause?«

»Ja, es ist tragbar.«

»Aber …«

»Sie können es sogar mit ans Meer nehmen, wenn Sie wollen, es funktioniert dort bestens, auch ohne festen Vertrag.«

»Signor Bussola, hören Sie …«

»Und ich garantiere Ihnen, wenn Sie es mit an den Strand nehmen, dann werden Sie Dinge erleben, von denen Sie bei diesem Sky-Dings nur träumen können, und dazu können Sie aus dem gesamten Spiele-Repertoire auswählen, natürlich in HD.«

»Auf Wiederhören!«

»Halt, es ist gratis!«

Aufgelegt.

Ich konnte gar nicht mehr sagen, dass ich verschiedene Größen im Angebot habe. Hoffentlich ruft sie wieder an.

Ewiges Leben (Fahren die Toten mit dem Auto in den Himmel?)

Eigentlich hätte ich im Zug nach Mailand sitzen sollen, aber es kam anders. Auch gut, denn so konnte ich auch heute die Kinder in die Schule bringen.

Als wir im Auto saßen, fuhr ein Leichenwagen an uns vorbei. Ginevra fragte mich, was das für ein komisches Auto sei, so lang und ganz schwarz. Ich versuchte es ihr so gut wie möglich zu erklären, aber sie schien nicht hundertprozentig überzeugt.

»Die Toten fahren mit dem Auto in den Himmel?«

»Nein, in den Himmel fahren sie ohne, Ginevra.«

»Warum sterben Menschen eigentlich?« Die Frage traf mich völlig unvorbereitet.

»Weil es eben so ist.« Etwas anderes fiel mir nicht ein. »Aber zum Glück ist das bei allen Menschen gleich.«

Sie überlegte und schaute aus dem Fenster, dann sagte sie nach einer Weile: »Ich will für immer leben, Papa.«

»Aha, aber das geht nicht.«

»Warum?«

»Weil es eben nicht geht.«

»Ja, aber WARUM?«

Damit sie es besser verstehen konnte, versuchte ich es mit einem Bild.

»Stell dir vor, Ginevra, das Leben ist wie eine Pizza. Wir alle werden geboren und haben Hunger, und jeder von uns bekommt seine Pizza. Und während wir auf der Erde sind, essen wir jeden Tag ein winzig kleines Stückchen davon. Es ist gar nicht so wichtig, wie groß die Pizza ist, wichtig ist, dass wir am Ende keinen Hunger mehr haben. Verstehst du, was ich meine?«

»Ich nehme immer die Pizza mit Schinken«, sagte sie.

»Stimmt, und du lässt immer die Hälfte übrig, weil du schon vorher satt bist. Was hätte es für einen Sinn, wenn sie dir eine Pizza bringen würden, die nie alle würde?«

Stille. Dann sah Ginevra mich an.

»Papa, hast du noch viel Hunger?«

»Ja, noch ziemlich viel.«

»Und was ist auf deiner Pizza drauf?«

»Das, was ich mir ausgesucht habe.«

»Bin ich auch drauf?«

»Klar.«

»Und die Mama und Virgi und Melania?«

»Die auch.«

»Auf meiner Pizza ist die ganze Welt drauf, ich bin ja schließlich erst vier.«

Zwei Jahre

Heute wird Melania zwei. Die Großeltern kommen, und es gibt nur Sachen, die Melania mag. Reis mit Erbsen und Schinkenwürfeln, Frikadellen mit Kartoffeln und zum Nachtisch Schokoladentorte. Um sieben singe ich »Zum Geburtstag viel Glück«, und seitdem rast sie in ihrem roten Schlafanzug durchs Haus und schreit: »Viel Glüüück! Viel Glüüüüüüück!« Es klingt wie Schluckauf.

Ich bin heute Morgen um fünf aufgestanden, um zu zeichnen und die Zeit wieder reinzuholen, die ich durch das Fest verliere. Nächste Woche habe ich einen Abgabetermin.

»Verlieren« ist allerdings nicht das richtige Wort, denn die Zeit, die ich mit Melania verbringe, ist geschenkte Zeit. Eigentlich bin ich nicht um fünf aufgestanden, um schon einmal vorzuarbeiten, sondern weil vorarbeiten mir erlaubt, mehr Zeit mit ihr zu verbringen. Heute ist ihr Tag, da gilt das doppelt. Ihr zweiter Geburtstag. Kann es für einen Vater etwas Wichtigeres geben?

Das Bild für die Schule

Virginia malt ein Bild für die Schule. Schon seit einer Woche arbeitet sie daran, und heute war der Abgabetermin. Gestern Abend haben wir mit Paola geskypt, die gerade in Mailand ist. Während wir mit ihr sprachen, ist Melania in Virginias Zimmer eingedrungen, auf den Stuhl geklettert, hat einen Filzstift genommen und das Werk vollendet, indem sie den Himmel mit grünen Kringeln verziert hat. Erst war Virginia stinksauer, dann hat sie geweint, und schließlich sollte ich einen Brief an die Lehrerin schreiben. Das habe ich nicht gemacht. Paola und ich waren uns einig, dass sie das Bild noch mal malen muss, denn man lässt nicht einfach ein Bild mit einem Filzstift (ohne Kappe!) daneben liegen, wenn man kleine Schwestern hat. Die Sache mit der Kappe haben wir ihr schon tausendmal erklärt. Aber vor allem geht es uns um den pädagogischen Mehrwert: Sie hätte das Bild längst fertig gehabt, wenn sie sich besser konzentriert und weniger gemeckert hätte. Also holte sie sich von mir ein »gutes« Blatt und fing abends um sieben von vorne an. Mit übelster Laune. Um acht haben wir zu Abend gegessen, danach hat sie weitergemacht. Während ich mir auf Youtube ein Video ansah, wie man Zöpfe flicht, Melania auf dem Bett herumhüpfte und Ginevra sich Comics anschaute, kam Virginia zu mir, um mir ihre Fortschritte zu zeigen. Sie war stolz, und ich bestärkte sie. Als sie um zehn ins Bett ging, war der Himmel zur Hälfte fertig. Heute Morgen hat sie ihn fertig gemalt, vor dem Frühstück, sie ist extra eine halbe Stunde früher aufgestanden. Ich war gerade dabei, Melania anzuziehen, als sie zu mir gerannt kam, um das fertige Bild zu präsentieren. Ihre Augen strahlten, sie war mit sich und der Welt hochzufrieden. Ich sollte das Bild mit dem iPad fotografieren und dann der Mama schicken, das musste ich ihr versprechen.

»Papa, es ist viel schöner geworden als das erste, das Melania kaputt gemacht hat!«, sagte sie schließlich stolz.

Auch ich war stolz, denn Virginia hat heute etwas Wichtiges gelernt. Sie hat gelernt, nicht aufzugeben, und wie man einer schwierigen Situation begegnet, ohne zu verzweifeln. Wenn jemand etwas ruiniert, was du geschaffen hast, und du wieder bei null anfangen musst, hat das nicht nur Nachteile. Womöglich wartet noch etwas Besseres auf dich.

Aber das hängt ganz allein von dir ab.

Das Herz der blonden Frauen

Ich sitze im Wartezimmer beim Arzt. Es ist voll. Aber ich bin vorbereitet und habe das iPad mitgenommen, um die Zeit zu nutzen und zu schreiben.

Neben mir hat eine junge Frau Platz genommen. Etwa fünfundzwanzig, blond, sie trägt ein orangefarbenes Sweatshirt mit der Aufschrift »Aloha« und eine blaue, tief über die Augen gezogene Basecap. Sie kaut Kaugummi oder lutscht ein Bonbon, jedenfalls riecht es gut.

Sie schielt auf meinen Text. Glaube ich jedenfalls. Deshalb schreibe ich: »Meine blonde Nachbarin schielt auf das, was ich schreibe.« Ich höre sie lachen.

»Das stimmt nicht, ich habe nur einen flüchtigen Blick darauf geworfen. Und blond bin ich auch nicht.«

»Das habe ich nur geschrieben, um deine Identität zu verschleiern und dich zu schützen.«

»Vor wem denn?«

»Man weiß nie. Stell dir vor, ich veröffentliche die Geschichte auf Facebook, und dein Vater liest das, der gar nicht weiß, dass du beim Arzt bist.«

»Er weiß es wirklich nicht.«

»Siehst du? Deshalb schreibe ich jetzt, dass du einen türkisfarbenen Rollkragenpulli trägst.«

Sie lacht.

»Was schreibst du?«

»Ein Tagebuch.«

»Wie schön, wie damals in der Schule. Früher habe ich das auch gemacht.«

Sie sagt das mit einem solchen Bedauern, als wäre sie hundert Jahre alt. Sie sieht das iPad auf meinen Knien liegen, das Hintergrundbild ist eine Seite aus einem Comic, die Paola gestern aus der Redaktion mitgebracht hat.

»Liest du ›Dylan Dog‹?«

»Nein, ich bin einer der Zeichner.«

»Echt? Krass. Und welcher?«

Ich sage ihr meinen Namen.

»Oh, hab ich noch nie gehört.«

»Kein Wunder. Meine Geschichte kommt frühestens 2027 raus, falls ich jemals fertig werden sollte. Bis dahin zeichne ich inkognito, also verrate es keinem.«

Sie lacht.

»Die neuen Geschichten sind gut, besonders die letzte hat mir gefallen. Die so komisch gezeichnet ist.«

»Das Herz der Menschen?«

»Genau.«

»›Komisch gezeichnet‹ trifft es auf den Punkt.«

»Entschuldige, ich kann es nicht so gut ausdrücken, ich weiß. Die Zeichnungen wirken auf den ersten Blick hässlich, aber beim näheren Hinsehen merkt man, dass sie gerade deshalb schön sind.«

»Du hast es gut erklärt, finde ich.«

Plötzlich öffnet sich die Tür des Behandlungszimmers. Niemand kommt heraus.

»Serughetti!«, ruft eine Stimme.

Die junge Frau springt auf und geht in Richtung Tür, kurz davor nimmt sie die Perücke ab. Sie hat eine Glatze, alle starren sie an.

»Ich habe dir doch gesagt, dass ich nicht blond bin«, sagt sie zu mir gewandt.

»Macht nichts. Ich zeichne auch nicht für ›Dylan Dog‹«, erwidere ich und schaue sie an.

Sie lacht.

»Schreibst du es trotzdem in dein Tagebuch, auch wenn ich gar nicht blond bin?«

»Nur, wenn du willst.«

»Klar«, sagt sie, geht ins Behandlungszimmer und macht die Tür hinter sich zu.

Die Krawatte

Im Kindergarten mit Ginevra. Während ich ihr die Schürze zuknöpfe, kommt ein Vater mit dunklem Anzug, Krawatte und Aktentasche in der Hand an uns vorbei und geht zur Tür.

»Papa, warum hast du nie eine Krawatte an?«

»Weil ich keine brauche.«

»Aber warum haben andere Papas eine?«

»Na ja, die arbeiten nicht als Zeichner.«

»Und warum arbeitest du als Zeichner?«

»Vielleicht weil ich keine Krawatten mag.«

Ihr Blick wird ernst.

»Krawatten sind bescheuert!«

»Genau!«

»Papa.«

»Ja?«

»Ich war am Sonntag mit Opa auf dem Markt. Er hat dir eine orange Krawatte gekauft.«

Den Tag retten

Jeden Morgen stehe ich um fünf nach fünf auf. Etwa eine Viertelstunde vorher bin ich wach, bleibe aber noch mit offenen Augen im Bett liegen. Wenn die roten LED-Zahlen auf der Uhr auf Paolas Nachttisch fünf null fünf zeigen, rappele ich mich aus dem Bett.

Ich gehe in die Küche, stelle den Espressokocher auf den Herd, dann gehe ich runter und lasse die Hunde raus in den Garten. Dann gehe ich wieder hoch, gieße den Kaffee in die Tasse mit den gelben Elefanten und lege fünf Kekse auf einen Teller. Ohne das Licht anzumachen, schleiche ich ins Arbeitszimmer, ganz vorsichtig, um mich auf der Wendeltreppe nicht zu Tode zu stürzen.

Ich zeichne von zehn nach fünf bis zehn nach sieben. Um mich herum ist es still. Manchmal schnarcht Garrett neben mir in seinem Korb, manchmal schalte ich das Radio ein und höre klassische Musik. Ganz leise. Auf diese Weise verwandeln sich die Schallwellen in etwas Natürliches, es klingt fast wie ein Herzschlag. Die Melodie tritt in den Hintergrund, man hört sie fast nicht mehr, deutlich wahrnehmbar sind nur die Klangfarben und die Perkussion. Der Bass. Der Rhythmus. Dieser Rhythmus hilft mir bei der Arbeit, gibt den Takt für den Zeichenstift auf dem Papier vor, ist die Partitur der Vibrationen, die ich im Radio höre und die in mein Inneres dringen. Zeichnen heißt, alles zusammenzuführen. Wer zeichnet, muss als Erstes hören. Genau wie beim Schreiben. Wenige

Menschen verstehen, dass es nicht um das Aufnehmen, sondern um das Abgeben geht, darum, sich zu einem Instrument, zu einem Resonanzkörper zu machen für etwas, was genau betrachtet schon da ist, um es zu enthüllen. Jeden Morgen stehe ich um fünf nach fünf auf. Seit Jahren schon, und ich habe eine Vermutung, warum das so ist.

Die roten Zahlen auf Paolas Funkwecker, 5.05 in rechteckiger Form, wirken auf mich immer wie s.os. sos. In meiner Vorstellung ist das ein Hilferuf aus einer anderen Dimension, wie eine Flaschenpost aus dem Meer.

Ich weiß genau, dass ich irgendwo auf der Welt jemanden rette, wenn ich um fünf nach fünf aufstehe. Und erst seit Kurzem ist mir klar, dass dieser Jemand ich bin.

Wenn ich jeden Morgen um fünf Uhr fünf aufstehe, rette ich mich, denn die zwei Stunden zwischen zehn nach fünf und zehn nach sieben sind die gewinnbringendsten des ganzen Tages. Wenn die Welt sich wieder zu drehen beginnt, bin ich schon guter Laune, auch wenn ein echter Scheißtag auf mich wartet. Als ob ich mich selbst jeden Tag ein Stück voranbringe, als ob ich mit einer inneren Uhr lebe, die zwei Stunden vorgeht, und ich immer einen Vorsprung habe.

Um zehn nach sieben gehe ich nach oben und wecke Virginia. Dann Ginevra. Zum Schluss Melania. Wenn ich Melania aus dem Bett nehme, sie fest an mich drücke und sie ihren Kopf auf meine Schulter legt, diese dreißig Sekunden, bevor ich sie in die Obhut ihrer Mama gebe, die sie schon sehnsüchtig erwartet, dann rettet mich das ein zweites Mal. Jeden Morgen. Dieses zweite Mal geschieht nicht zu einer bestimmten Uhrzeit, aber es ist dieses zweite Mal, das zählt.

Mama schläft immer

Im Auto, auf dem Weg in den Kindergarten.

»Papa, warum schläft die Mama immer?«

»Aber das stimmt doch gar nicht, Ginevra. Die Mama arbeitet oft nachts, während wir schlafen. Dann schläft sie eben morgens, wenn wir schon wach sind.«

»Stimmt, die Mama ist eine Eule.«

Ich lache.

»Kann sie nicht auch am Tag arbeiten, wie du?«

»Na ja, manchmal macht sie das ja. Aber sie wird tagsüber dauernd gestört, der Briefträger läutet, das Telefon klingelt, sie muss Mails beantworten, Oma und Opa melden sich, oder ich will irgendwas wissen. Nachts hat sie mehr Ruhe und kann sich besser konzentrieren. Und nachmittags will sie mit euch zusammen sein.«

»Und Virgi bei den Hausaufgaben helfen.«

»Außerdem gefällt es der Mama, nachts zu arbeiten. Glaube ich jedenfalls.«

»Papa?«

»Ja?«

»Außerdem sieht sie dich nachts nicht.«

Das Kind, der Zeichner

Ich gehe Papier kaufen. Im Schreibwarenladen ist ein Kind vor mir, ein etwa zehnjähriger Junge. Ziemlich dünn, nicht sehr groß, kurze Haare, mit einem grünen »Ninja Turtles«-T-Shirt und hellgrüner Hose mit riesigen Seitentaschen.

»Und noch einen Radiergummi und einen Zeichenblock, den mit rauem Papier«, sagt er, »und ein Geodreieck für die Panels.«

Die Verkäuferin verschwindet, der Junge sieht mich an. Ich komme näher.

»Panels? Musst du einen Comic zeichnen?«

Er fixiert mich mit einem Blick, der irgendwo zwischen »Kümmer dich um deinen Kram!« und »Triebtäter?« liegt.

»Ja, für die Schule. Aber ich kann nicht gut zeichnen.«

»Das ist nicht so wichtig, für Comics muss man nicht so gut zeichnen können, weißt du?«

Jetzt liegt der Blick zwischen »Du hast ja keine Ahnung« und einem Hauch von Interesse.

»Wirklich, was zählt, ist die Geschichte. Wenn du im Kopf hast, was du erzählen willst, kommt das Bild von ganz allein, du wirst sehen.«

Er starrt mich an, unschlüssig, ob er mir glauben soll.

»Ich will eine Geschichte über Schuhe machen.«

»Schön, was für Schuhe?«

»Wenn man sie anzieht, kann man plötzlich Karate.«

»Interessant.«

»Und wenn man sie wieder auszieht, ist man wieder ganz normal.«

»Gute Geschichte, aber Schuhe sind ziemlich kompliziert. Zeichne am besten welche ohne Schnürsenkel, so als Tipp.«

»Ich kann keine Schnürsenkel.«

»Und ich keine Schuhe.«

»Och, Schuhe kann ich ganz gut.«

»Schuhe können nur richtig gute Zeichner«, sage ich. Er lächelt mich an. Die Verkäuferin reicht ihm seine Tüte, er zahlt, verabschiedet sich und geht dann rasch aus dem Laden. Draußen springt er aufs Rad.

»Ein netter Junge«, sagt die Verkäuferin.

»Glaube ich sofort«, antworte ich.

»Was brauchen Sie?«

»Zwei Zeichenblöcke.«

»Glatt oder rau?«

»Rau, und noch ein Geodreieck für die Panels.«

Die Verkäuferin sieht mich verblüfft an.

»Ich muss einen Comic zeichnen.«

Der Keks

Im Auto, auf dem Weg in den Kindergarten. Wir fahren aus der Garage.

»Papa, sind das Trampoline?«

»Was meinst du?«

»Das da an der Wand!«

»Nein, Ginevra, das sind die Gestelle für den Dachgepäckträger.«

»Gestelle?«

»Ja, Stützen aus Metall. Wir brauchen sie, wenn wir ans Meer fahren. Dann befestigen wir sie am Autodach, und darauf kommt dann der Gepäckträger für alles, was wir für den Strand brauchen, den Sonnenschirm, die Schwimmflügel, den Liegestuhl, die Spielsachen und so weiter.«

»Papa?«

»Ja.«

»Dieses Jahr bauen wir am Strand eine riesige Sandburg, okay?«

»Versprochen.«

»Aber vergiss nicht, die Schippen mitzunehmen.«

»Mach dir keine Sorgen, alles klar.«

»Und du musst mir Fähnchen kaufen.«

»Fähnchen?«

»Ja, die müssen oben auf die Burg.«

»Aha. Und wie sollen die aussehen?«

»Fähnchen für eine Burg eben.«

»Ja schon, aber die Flagge von welchem Land?«

»Hä?«

»Von welchem Land?«

»Hä?«

»Von Italien, Frankreich, Spanien, oder was?«

»Von Russland!«

»Russland? Warum gerade Russland? Was magst du an Russland?«

»Die Häuser sind da so schön geschmückt.«

»Wo hast du das denn gesehen?«

»Ich habe es geträumt! Weißt du, dass es dort auch Tiger gibt?«

»Stimmt, in manchen Gegenden sicher.«

»Papa?«

»Ja.«

»Fahren wir wieder in dasselbe Haus wie letztes Jahr?«

»Hmm, ich weiß nicht, ob es genau dasselbe ist. Wir haben jedes Jahr ein anderes, aber sie stehen alle nah beieinander, und im Grunde sind alle gleich, versprochen. Wir nehmen das, das sie uns geben.«

»Aber es muss dasselbe sein!«

»Warum? Was ist an dem so besonders?«

»In der Nachttischschublade in meinem Zimmer habe ich einen Keks versteckt!«

»Einen Keks? Du hast letztes Jahr dort einen Keks in die Schublade gelegt?«

»Ja.«

»Nun ja, ich glaube, dass der Keks nach einem Jahr sicher nicht mehr so besonders schmeckt. Er ist jetzt schon ziemlich alt, oder?«

Pause.

»Ja, vielleicht ist er tot.«

Projekte für unseren Urlaub am Meer:

1. Riesensandburg
2. Russische Flaggen
3. Keksbegräbnis

Die Schlange

Beim Müllrausbringen habe ich eine Schlange gesehen. Bestimmt eine ungiftige Natter, nicht sehr groß, vielleicht noch jung. Sie lag auf der Straße. Ich kenne meine Nachbarn gut genug, um zu wissen, dass sie sie aus ihrem Garten verjagt haben. Ich ging also ins Haus zurück, zog zwei Küchenhandschuhe aus Gummi übereinander an, griff mir die Feuerzange und ging wieder raus. Das würde Paola in hundert Jahren nicht tun.

Die Schlange war noch da, sie hatte sich kaum bewegt. Ich näherte mich ganz vorsichtig, atmete tief ein und packte sie blitzschnell mit der Feuerzange am Schwanz. Sie zuckte erschrocken zusammen, wand und drehte sich, als hätte sie einen epileptischen Anfall. Ich starb fast vor Angst, denn mir kam der Gedanke, dass sie vielleicht doch nicht so harmlos sein könnte. Mit Schlangen kenne ich mich ebenso wenig aus wie mit Fußballern. Wie von der Tarantel gestochen rannte ich in den Wald, wobei ich vermutlich aussah wie ein Rentner mit einer Angelrute in der Hand, der von einem Mörder verfolgt wird, und warf die Schlange ins Gestrüpp.

Dann ging ich ins Haus zurück und googelte »Symptome Herzinfarkt«, und zwei Minuten später »Natter einfangen«. »Niemals am Schwanz packen«, hieß es. »Wenn man sie nicht am Kopf packt, können sie schmerzhafte Bisse verursachen.«

Zum Glück habe ich die dämlichste Natter Venetiens erwischt. Wie heißt es doch so schön: Gleich und gleich gesellt sich gern!

Das Haargummi

Gestern hat mich Virginia gefragt: »Papa, wenn Mama und du euch trennt, wer bekommt dann ein Kind und wer zwei?«

Ich stand in der Küche und schnitt Zwiebeln, die Frage erwischte mich auf dem falschen Fuß.

»Wie meinst du das, Virginia?«

»Wir sind drei Schwestern, und die dritte könnt ihr doch nicht in der Mitte durchschneiden!«

Ich musste lachen und wollte gerade sagen: »Mach dir keine Sorgen, wir werden uns nie trennen!« Aber ich wollte auch nicht lügen. Jede Beziehung kann auseinandergehen, und nichts ist für die Ewigkeit gemacht.

»Virginia«, entgegnete ich deshalb, »falls Mama und ich uns wirklich eines Tages trennen sollten, dann seid ihr mal bei ihr und mal bei mir, mach dir keine Gedanken.«

»Aber in ›Mrs. Doubtfire‹ darf der Papa die Kinder nur am Samstag sehen«, sagte sie.

»Das kann manchmal passieren, vielleicht haben sich die Eltern nicht im Guten getrennt, sondern im Streit. Aber Mama und ich sind uns einig, dass ihr immer an erster Stelle steht, selbst wenn wir uns trennen sollten. Verstehst du? Immer.«

Sie fixierte mich schweigend.

»Papa, kann Liebe einfach aufhören?«

Ich dachte einen Augenblick nach, bevor ich antwortete.

»Die Liebe hört nicht auf, es sind die Menschen, die sich ändern.«

»Die Menschen?«

»Auch Mamas und Papas wachsen noch, weißt du? Du bist schon groß, vor sieben Jahren warst du noch klitzeklein. So funktioniert das auch mit Erwachsenen. Als ich Mama kennengelernt habe, war ich ein anderer Mensch, und sie war es auch. Wenn sich zwei Menschen lieben, ist es wichtig, dass sie sich gemeinsam verändern oder die Veränderung des anderen akzeptieren. Eltern machen das mit ihren Kindern so, aber zwischen Erwachsenen funktioniert das manchmal nicht. Und deshalb ist die Liebe zu den Kindern das Einzige, was nie aufhört.«

»Aber wie konntest du denn wissen, wer die Mama ist, als du sie kennengelernt hast?«

»Verstehe ich nicht.«

»Wie hast du gewusst, dass sie die Richtige ist?«

»Ach so, das war mir schon nach zehn Minuten klar.«

»Und woran hast du das gemerkt?«

»Als wir uns das erste Mal getroffen haben, hat sie die Haare aus dem Nacken nach oben geholt und dann zu einem Knoten gedreht, ohne Haargummi.«

»Und dann?«

»Und dann habe ich gewusst, dass sie dringend ein Haargummi braucht. Und ich ihre Haare.«

»Und hattest du ein Haargummi dabei?«

»Nein, aber als die Mama das gemerkt hat, war sie schon verliebt.«

»Papa, dann hast du sie ja reingelegt!«

»Vielleicht ein ganz kleines bisschen«, sagte ich, »aber der Punkt ist doch, dass die Mama die einzige Frau war, für die ich ein Haargummi suchen wollte. Verstehst du, was ich meine?«

Sie sah mich einen Moment lang an.

»Hier, Papa«, sie nahm das Haargummi aus ihren Haaren. »Jetzt werdet ihr euch niemals trennen.«

Sie lachte, und ich schnitt glücklicherweise gerade Zwiebeln.

Sommer

Die richtige Richtung

Heute Nacht habe ich ein Geräusch gehört. Es war gegen vier, und ich schlief bei offenem Fenster. Ich stand auf, streifte mir mein T-Shirt falsch herum über, ging in den Flur, schaltete im Bad das Licht an, damit ich etwas sehen konnte, und ging nacheinander in die Zimmer der Mädchen. Ginevra saß in ihrem Bett in einer Ecke, die Knie bis ans Kinn gezogen. »Papa«, sagte sie, »kannst du mir kaltes Wasser in die Flasche machen?« Ich ging ins Bad, goss die Flasche aus und füllte sie mit frischem Wasser. Dann setzte ich mich neben sie, sie trank ein paar Schlucke, legte sich wieder hin und schlief ein. Ich war inzwischen hellwach, ging in die Küche, machte mir einen Kaffee, holte mir ein Stück Fladenbrot und ging erst ins Arbeitszimmer, dann in den Garten. Ich setzte mich auf das Mäuerchen, trank im Dunkeln meinen Kaffee und dachte nach. Die üblichen Gedanken eines vierzigjährigen Familienvaters: Geld, Job, ein neuer Computer. Vierzig Jahre fühlen sich morgens um vier besonders schwer an. Um diese Uhrzeit kann es vorkommen, dass man wehmütig zurückdenkt und sich das anfangs leise Bedauern ins Unermessliche steigert, oder man erinnert sich an etwas Schönes, das einen fast euphorisch werden lässt. Dann fiel mir auf, dass unser frisch gepflanzter Aprikosenbaum Wasser brauchte, und ich füllte die Gießkanne. In fünf Jahren würden wir Aprikosen aus unserem eigenen Garten ernten. Einen kurzen Augenblick lang war mein Denken das eines Fünfzigjährigen, der zurückblickt, auf die ersten Früchte und die glücklich lachenden Mädchen, die sie in der Hand halten. Vielleicht geht der Baum aber auch ein, und das Ganze verwandelt sich in eine traurige Erinnerung. Aber noch bin ich vierzig, sitze im Dunkeln auf diesem Mäuerchen und sehe nach vorn. Der Aprikosenbaum wird wachsen und gedeihen. Ich betrachte ihn, und er ist weder Erinnerung noch Bedauern, sondern ein Ziel. Im Leben ist es wie im Straßenverkehr: Wenn du auf einer Straße unterwegs bist, egal ob im Auto oder zu Fuß, kommt es nur darauf an, dass du in die richtige Richtung schaust.

Nichts

Paola ist mit den Mädchen bei ihren Eltern, ich muss einkaufen.

Ich gehe in den Garten, öffne das Tor und grüße einen Nachbarn, der im Gemüsegarten Unkraut jätet. Ich steige ins Auto und drehe den Zündschlüssel. Nichts. Ich versuche es noch einmal. Nichts. Der Motor ächzt und stöhnt wie ein Gangster in einem Film, wenn er schwer verletzt in die Arme seines besten Freundes sinkt, bevor er ihm ein Geheimnis anvertraut und stirbt. Bei mir ist es die Batterie. Ich lote meine Möglichkeiten aus: Ich kann den Pannendienst anrufen, damit er sie wieder auflädt, was mich aber allein zwanzig Euro Anfahrt kostet. Oder ich warte bis übermorgen, Paola hat bestimmt ein Überbrückungskabel in ihrem Auto, das heißt achtundvierzig Stunden ohne Auto. In einem Anflug von Selbstüberschätzung sage ich mir: »Komm schon, bis zum Supermarkt sind es gerade mal drei Kilometer, das schaffst du locker auch zu Fuß.« Ich greife nach der gelben Einkaufstasche, grüße den Nachbarn ein zweites Mal, der mich die ganze Zeit mit einem »Sieh-mal-einer-an«-Blick gemustert hat, und mache mich auf den Weg.

Auf dem Hinweg geht es bergab, und auf dem ersten Kilometer bin ich beschwingt wie in einem Gene-Kelly-Film, im Hintergrund läuft sogar Gershwin. Nach weiteren fünfhundert Metern macht sich die Hitze bemerkbar. Kurz vor dem Ziel geht es mir wie Vince Vaughn in »True Detective«, in der

Folge, in der er angeschossen die Wüste durchqueren muss. Als ich den Supermarkt betrete, ist mein hellgrünes T-Shirt nicht mehr hellgrün, sondern dunkelgrün. Mein Blick kreuzt sich mit dem der hübschen neuen Verkäuferin mit den Zöpfen, die sich zukünftig an mich nur noch als »der Alte mit dem durchgeschwitzten T-Shirt« erinnern wird, aber ich vertraue gleichzeitig darauf, dass die »King of Cool«-Aufschrift mich in ihren Augen zum König der Selbstironie machen wird. Ich lege Zitronen in den Einkaufswagen und fahre weiter zur Fleischtheke, wo es Hähnchenschenkel im Angebot gibt, dann kaufe ich eine Tüte Grana Padano, Spaghetti, Sardellen und Eis. Und dann passiert es: Mir stechen die Worte »Sonderaktion« und »Bier« ins Auge. »Nur noch heute«. Mir ist klar, dass ich drei Kilometer zurückgehen muss, und zwar bergauf, und dass ich schon auf dem Hinweg fast ein Lungenemphysem bekommen habe, obwohl es ohne Ballast nur bergab ging, aber die Stimme von Zack Mayo aus »Ein Offizier und Gentleman« schreit mir in Gedanken zu: »Soldat Bussola, in den Schlamm, zack, zack!« Ich lege fünf, nein besser sechs Flaschen in den Wagen, gehe an die Kasse und zahle.

Als ich den Supermarkt verlasse, küsst mich die Elf-Uhr-Sonne. Es ist wie ein Versprechen. Und das Versprechen sagt: »Warte, ich hole mir noch Popcorn.« Ich mache mich auf den Rückweg, schwer beladen, als hätte ich eine Leiche im Gepäck. Nach der ersten Kurve spüre ich meinen rechten Arm nicht mehr. Ich wechsle die Seiten. Nach der zweiten Kurve spüre ich auch den linken nicht mehr. Nach der dritten ist Schluss. Die Bierflaschen singen in der Tasche klirrend ihr grausames Lied. In einem Anflug von Genialität kommt mir eine Idee: Ich hänge mir die Tasche wie einen Rucksack an beiden Henkeln über die Schultern und gebe erst auf, nachdem ich mich fast erwürgt habe. Als eine blaue Piaggio Ape vorbeifährt, gerate ich kurz in Versuchung, mich auf die Transportfläche zu werfen, aber Zack Mayo brüllt mir weiter Befehle zu, und mein Stolz hält mich in letzter Sekunde davon ab. Auf der Hälfte des Weges beschließe ich, mir in Marisas Bar eine Pause zu gönnen. Marisa ist heute nicht da, ihre Tochter steht hinter dem Tresen. Ich frage sie, ob sie das Eis in den Gefrierschrank legen kann, solange ich hier bin. Ich bestelle ein kleines Bier, sie bringt mir ein Helles und sagt, das müsse ich unbedingt probieren. »Eine neue Sorte, ist mit Pfeffer gewürzt!« Mit Pfeffer? Warum auch immer: Nach dem Bier ist die Müdigkeit weg, ich bin voller neuer Energie. Ich gehe weiter, und den Rest des Weges lege ich in dem Gefühl zurück, Teil eines Bildes von Salvador Dalí zu sein. Der Schweiß tropft mir in die Augen, ich bin fast blind, ich sehe nur noch schmelzende Uhren, Bäume, die nach mir greifen, und fliegende Tiger, die zwischen ihren Vampirzähnen Clownfische im Maul tragen. Einen Kilometer vor dem Ziel habe ich eine Vision: Lance Armstrong rast auf dem Skateboard an mir vorbei. Die letzten dreihundert Meter lege ich wie in Trance zurück. Als unser Haus in Sicht kommt, bin ich rot wie ein Krebs. Der Nachbar steht auf dem Balkon, ich bewege ein wenig den Kopf, als wollte ich sagen: »Alles gut, ein Stündchen flottes Gehen am Tag wird auch von Ärzten empfohlen, das ist Zeit, die du dir schenkst.« Ich öffne das Tor, für die Treppe brauche ich eine Viertelstunde, dann lasse ich mich auf das Sofa fallen, die Tasche stelle ich neben mich. Ich schließe die Augen, in meinem Kopf jubelt eine Stimme: »Weltmeister, Weltmeister!« Ich reiße die Augen wieder auf: Ich habe das Eis bei Marisa vergessen und keine Butter gekauft. Ich wäge meine Möglichkeiten ab. Nein. Eher mache ich mir ein Sorbet aus Seife und Margarine aus Altöl.

Vier

Alle vier sind nach Hause gekommen und gleich schlafen gegangen, ich sitze im Arbeitszimmer und zeichne.

Eine habe ich ohne Hose ins Bett gelegt, eine ohne ihren Teddy, eine ohne Socken. Und eine ohne mich.

Wie eine Katze

Melania sagt nicht mehr nur: »A!«

Für Ja sagt sie jetzt »Iiiaaa«, und wir applaudieren jedes Mal, wenn ihr noch ein anderer Buchstabe gelingt. Für Zeichentrickfilm sagt sie »Bubu«. Und »eer!« für mehr. Wovon noch mehr, weiß man nicht so genau, mehr Wasser, mehr Chips? »Nimm mich hoch, alter Mann, siehst du nicht, dass ich wieder auf deiner Brust sitzen will? Und lern doch mal richtig Italienisch, es wird Zeit!«

Das einzige Wort, das sie deutlich artikuliert, die Spitze ihrer persönlichen Top-Fünf-Liste, sogar noch vor »Mama«, ist »Totta!«

»Totta« sind Süßigkeiten jedweder Art: Bonbons, Kekse, Schokoladen-Ostereier, Pudding. Wenn sie »Totta« besonders betont, bedeutet das Plumcake aus dem Supermarkt. Unsere Sorte heißt natürlich »Plumcake Plumcake«, beim Öffnen duftet er nach Honig und Frischkäse. Die Packung ist blau und sieht der Crackerpackung, die man im Krankenhaus bekommt, täuschend ähnlich. Ich muss die Verpackung entfernen, darf sie aber nicht wegschmeißen, sie muss immer in ihrem Blickfeld bleiben. Dann muss ich die innere Hülle in Papierschiffchenform aufreißen, darf sie aber nicht ganz entfernen. Melania greift nach dem kanariengelben Kuchen, beißt ihn auf der einen Seite an und teilt ihn dann sorgfältig in etwa hundert Stücke. Dann nimmt sie die Krümel und wirft sie sich wie Konfetti in den Mund.

Nach dem »Totta« schaut Melania sich suchend um und schnorchelt. Auch das Schnorcheln ist jetzt differenzierter. Man merkt schon, was sie will: »Gib mir Wasser«, »Ich will Chips, aber auf dem Elefantenteller«, »Gib mir sofort ein Stück Parmesan, nein, Schinken, nein, lieber Würstchen«, »Hol mich aus dem Kinderstuhl, Hol mich aus dem Kinderstuhl, ich habe gesagt, ich will raaaaaauuuuussssss!«, »Alle Stifte hierher, und zwar sofort!«, »Wo sind meine Schläppchen?«, »Und jetzt noch Schnitzel mit Pommes, danke!«.

Wenn sie mir in die Nase beißt und lacht, dann ist sie zufrieden. Und ich bin es auch.

Wenn sie abends auf meinem Bauch liegt und einschläft, dann klaube ich ihr die Kuchen- oder Pommeskrümel vom Rücken, sorgsam wie eine Katze, die ihr Junges sauber leckt. Dann hebe ich sie sanft hoch und flüstere ihr ins Ohr: »Melania, gehen wir schlafen?« Sie dreht ein wenig den Kopf, und ohne die Augen aufzumachen, sagt sie: »Ja.«

Ich stehe auf, halte sie fest umklammert, gehe zu ihrem Bett, lege sie behutsam hinein, richte ihr die Beine und streiche ihr übers Haar. Dann schleiche ich aus dem Kinderzimmer, lasse aber die Tür einen Spalt offen, und die schönste halbe Stunde meines Tages geht zu Ende. Mit einer leisen Wehmut, die jeden Tag ein wenig stärker wird, meinem Sweatshirt, das immer an der gleichen Stelle vollgesabbert ist, und einem Heißhunger auf Plumcake und Schnitzel mit Pommes, der hoffentlich nie vorbeigeht.

Cyrano

An meinem zwölften Geburtstag habe ich mir das erste Mal die Nase gebrochen.

Wir feierten auf dem Dachboden, das Stroboskop-Licht flackerte, blaue und rote Lämpchen blinkten, und an die Wände waren Eierkartons genagelt, um die Lautstärke der Musik zu dämpfen. Es war der Hammer. Wir hatten uns ordentlich ins Zeug gelegt, Poster von Spandau Ballett, Police und anderen Helden von damals aufgehängt, es sah aus wie in einer echten Disco. Nur eben bei mir zu Hause.

Ich tanzte mit Lara, die stand auf mich, das wusste ich. Und mein Freund Riccardo fand Mariarosa super. Was er allerdings nicht wusste, war, dass Mariarosa nur darauf wartete, dass er sie endlich zum Tanzen auffordert. Ich wusste es auch nicht, bevor Lara es mir sagte. Ich beobachtete die beiden genau, Riccardo, der sich einfach nicht traute, und Mariarosa, die sehnsüchtig wartete.

Bei »Careless Whisper« hatte ich kapiert. Ich sagte zu Lara: »Moment«, ging zu meinem Freund und wollte ihm gerade sagen: »Wenn du sie JETZT nicht fragst, lass ich dich nie wieder die Hausaufgaben abschreiben.« Doch etwa einen Meter vor ihm stellte sich mir plötzlich sein Bruder in den Weg. Er war fünfzehn, einen Kopf größer als ich, mit einer eingegipsten Schulter, weil er sich kürzlich das Schlüsselbein gebrochen hatte. Im Halbdunkel des Dachbodens prallte ich mit dem Gesicht gegen den Gips, ein Crash, wie wenn ein Fiat 500 gegen eine Backsteinmauer knallt. Ich kippte um, verlor das Bewusstsein und blieb in meinem eigenen Blut liegen.

Als ich wieder zu mir kam, hatte Riccardo noch immer nicht mit Mariarosa getanzt. Dafür sah mein Gesicht aus wie das eines Preisboxers. Ich wurde in die Notaufnahme gebracht, aber in den frühen 1980ern nahm man so was locker, wenn nicht gerade Lebensgefahr bestand. Meine Nase blieb, wie sie war.

Sieben Jahre später brach ich sie mir beim Karate ein zweites Mal. Filippo überraschte mich mit einem Ura-Mawashi-Geri wie aus dem Lehrbuch, ein Halbkreisfußtritt, der mich mitten ins Gesicht traf und auf die Tatami-Matte warf. Noch im Fallen hörte ich das charakteristische Knacken, und das war's mit dem Nasenbein. Als ich nach Hause fuhr, sah mein Karate-Kimono aus, als hätte Jackson Pollock die japanische Flagge darauf gemalt. Meine Mutter meinte nur lapidar: »Vielleicht solltest du lieber wieder Rad fahren.«

Das ging aber nicht, denn ich zog nach Venedig.

Dort rutschte ich während meines ersten Semesters auf einer vereisten Brücke aus, was auch am Glühwein lag, und knallte mit dem Gesicht auf eine Treppenstufe. Nasenbeinbruch, die Dritte. Ich merkte es allerdings erst am nächsten Tag, als ich im Zimmer einer Blondine aufwachte, die am Campo delle Girandole wohnte.

Der vierte und vorerst letzte Bruch war vor etwa zehn Jahren. Ich hatte gerade Paola kennengelernt, die mich damals für einen schüchternen Trottel hielt, der SMS voller Smileys schrieb. Eines Abends im Juni war ich mit meinem Freund Silvio in einer ziemlich verruchten Bar in Verona. Als ein schriller Typ ihn dumm von der Seite anmachte, erwachte mein Beschützerinstinkt, und ich stänkerte zurück. Der Typ fand das gar nicht witzig, senkte den Kopf und deutete einen Kopfstoß in meine Richtung an. Und zwar so täuschend echt, dass er frontal meine Nase traf. Nach einer mehr oder weniger halbherzigen Schlägerei saßen wir später bei einem Gin Tonic draußen auf der Treppe. Er erzählte mir, er sei Epileptiker, und bat mich um eine Zigarette. Ich gab ihm eine, er roch daran und steckte sie sich hinters Ohr.

»Tut mir leid wegen der Nase«, sagte er.

»Was passiert, wenn du besoffen einen Anfall bekommst?«, fragte ich.

»Dann bin ich immer noch besoffen«, sagte er.

»Aha«, meinte ich.

Ich ging mit geschwollener Nase nach Hause und schrieb um zwei Uhr morgens eine SMS an Paola. Das war das erste Mal, dass sie mir gleich antwortete.

Eine Woche danach gingen wir zusammen aus.

Liebe hat viele Gesichter

Heute Morgen im Auto. Ginevra fragte mich nach der Liebe. Eine ihrer typischen Fragen aus heiterem Himmel.

»Papa, können auch zwei Frauen heiraten?«

Ich wünschte mir, sie hätte diese Frage ihrer Mutter gestellt, dachte lange nach und antwortete dann: »Nein, bei uns in Italien nicht, aber sie können sich lieben und zusammenleben.«

»Wie du und die Mama.«

»Ja.«

»Aber warum können sie nicht heiraten?«

»Das ist eine schwierige Frage, Ginevra. An manchen Orten geht das, an anderen nicht.«

»In Sant'Ambrogio?«

»Ich meinte, in anderen Ländern.«

»Aber ich habe in Sant'Ambrogio zwei Frauen gesehen, die sich geküsst haben.«

»Ja, da ist auch nichts dabei. Alle können sich küssen, wenn sie sich lieb haben.«

»Auch Männer?«

»Wenn sie sich lieb haben, klar.«

Sie hielt inne und nahm dann erneut Anlauf.

»Papa, aber wenn zwei Frauen heiraten, wie machen die das dann mit dem Liebhaben?«

»Wie alle anderen auch, mit dem Herzen.«

»Das Liebhaben ist im Herzen?«

»Alle Gefühle sind im Herzen.«

»Warum?«

»Das Herz ist wie ein großer Schrank, Ginevra«, antwortete ich, »darin leben die Menschen, die du dir ausgesucht hast: Es gibt das Regalbrett mit den Küssen, die Schubladen mit den Umarmungen, die verliebten Blicke hängen an Kleiderbügeln, und dann gibt es noch Fächer für Gut und Böse. Alles.«

»In Melanias Schrank gibt es noch die Bügel für die extra unschuldigen Blicke!«

»Stimmt«, ich lachte.

»Papa?«

»Ja?«

»Aber in unserem Herzensschrank sind auch die Lieben, oder?«

»Ja, aber man sagt nicht ›Lieben‹, das Wort ist in der Einzahl: ›Liebe‹.«

»Stimmt doch gar nicht, es gibt viele Lieben.«

Ich schwieg und verbesserte sie diesmal nicht, denn im Grunde hatte sie recht. Es gibt viele Lieben.

Das Päckchen

Samstagmorgen. Ich bin schon im Arbeitszimmer, als es klingelt. Es ist der Postbote mit einem Päckchen, ein resoluter junger Mann mit einem schmalen Lippenbärtchen und einer Spiderman-Cap. Dem Umfang nach zu urteilen, ist ein Buch in dem Päckchen, und ich weiß auch schon, welches.

»Paolo Barbato?«, fragt er.

»Paola«, sage ich.

Er mustert mich irritiert.

»Ich meine, Paola ist meine Frau, oder besser gesagt, nicht meine Frau, aber das Päckchen ist für sie.«

»Woher wollen Sie wissen, für wen das Päckchen ist?«

»Das haben Sie doch gerade gesagt.«

»Ich habe gesagt, es ist für Paolo Barbato.«

»Ja, und ich habe gesagt, dass das ein Fehler ist und es ›Paola Barbato‹ heißen muss.«

»Hier steht aber ›Paolo‹.«

»Aber es muss ›Paola‹ heißen.«

Er steht immer noch unschlüssig und zögernd vor mir. Ich habe nur ein Unterhemd an, es ist noch kühl, und ich möchte wieder rein.

»Gut, das bin ich«, sage ich deshalb.

»Sie sind Paolo?«

»Ja.«

»Können Sie das nicht gleich sagen?«

»Ich schäme mich, der Name gefällt mir nicht«, antworte

ich. Er stutzt wieder, dann reicht er mir ein Signaturtablett, damit ich den Empfang quittieren kann.

»Bitte unterschreiben.«

Ich unterschreibe, er gibt mir das Päckchen, ich gebe ihm das Gerät zurück.

»Wer ist Matteo Bustolo?«, fragt er.

»Bussola«, verbessere ich.

»Wer ist Matteo Bussola?«, fragt er. »Sie sind also doch nicht Paolo Barbato?«

»Hören Sie, dieses Päckchen enthält ein Buch, ich kann Ihnen den Titel sagen, ohne es zu öffnen. Auf der Klingel steht ›Bussola-Barbato‹. Wer also könnte Matteo Bussola sein?«

Wieder dieser merkwürdige Blick.

»Ihre Frau?«

Fünf Narben

Ich habe fünf Narben. Nummer eins habe ich mit drei bekommen, als ich die Treppe runtergefallen bin. Dabei bin ich mit dem Kinn auf eine Stufenkante geknallt, das Ergebnis war eine tiefe Platzwunde. Wenn Virginia fragt: »Papa, zeigst du mir die Narbe unter dem Bart?«, hebe ich leicht den Kopf, sie sucht zwischen den Barthaaren nach der Narbe und fragt jedes Mal aufs Neue, ob es noch wehtut.

Nummer zwei ziert meinen Brustkorb und ist das Ergebnis einer schweren OP, nachdem mir in einem Sommer ein Lungenflügel kollabiert war. Ich hatte die ganze Nacht Schmerzen zwischen den Rippen und das Gefühl, zu ersticken. Überlebt habe ich nur, weil ich hartnäckig blieb, der zweite Arzt mich schließlich ernst nahm und nicht mit einer Tube Voltaren wieder nach Hause schickte wie der erste.

Die dritte Narbe ist auf dem Mittelfinger der rechten Hand. Ich habe sie mir bei einer Messerstecherei eingefangen, als ich noch zu jung und naiv war, um zu verstehen, dass man manchmal nur dann gewinnt, wenn man verliert.

Nummer vier und fünf sieht man nicht, aber es sind die einzigen, die noch wehtun. Aus den drei ersten habe ich nichts gelernt, aus den beiden letzten schon.

Ich habe gelernt, dass es nicht immer die eigene Schuld ist, wenn etwas zu Ende geht. Und dass du, wenn du als Folge daraus auf Distanz zu den anderen gehst, um dich zu schützen, nicht davon ausgehen kannst, dass sie wieder für dich da sind, wenn du sie brauchst. Im Leben passiert das, was das Schicksal für dich bereithält, und nicht unbedingt das, was du dir wünschst. Und bei dem, was passiert, hast du normalerweise zwei Möglichkeiten: es akzeptieren, egal was es ist, oder flüchten.

Ich war lange Zeit davon überzeugt, dass Freiheit bedeutet, jederzeit aufbrechen und davonsegeln zu können wie ein Seemann. Aber heute ist mir klar, dass ich die Freiheit nicht in der Ferne suchen muss und dass es ganz allein an mir liegt, ob ich mich frei fühle oder nicht. Wohin ich gehe und wo ich bleibe, entscheide ich ganz allein. Das ist die wahre Freiheit, und die macht mich stark.

Abendessen

Schauplatz: bei uns zu Hause. Abendessen.

Ich stelle den Teller mit Fleischbällchen vor Melania. »Gnein!«, sagt sie kategorisch und schiebt ihn von sich weg. Sie zeigt auf den Toast ihrer großen Schwester. »Daso! Daso!« (Übersetzung: »Das da, und zwar sofort, dalli, dalli!«) Virginia hat Erbarmen und gibt ihr die Hälfte. Melania zerbröselt den Toast in dreihundertsiebenunddreißig Stücke, entdeckt dann den Schinken, lutscht daran, klettert aus dem Kinderstuhl und verschwindet. Paola steht auf. »Wohin willst du?«, frage ich. »Ihr hinterher, ich habe Angst, dass sie vom Balkon fällt.« »Ich habe gesagt, fünf Oliven außen drauf und drei innen drin!«, schreit Ginevra ihr Brötchen an. Dann sieht sie mich an, ein Auge ist violett, eine Hand steckt bereits wieder in ihrer Kinderschminke, und sie verkündet: »Ich gehe mich schön machen!« Sie steht auf und verschwindet. Virginia lässt ihre angebissene Toasthälfte und ein angelutschtes Frischkäsebällchen auf dem Teller liegen und sagt: »Ich muss Pipi!« Und geht.

Ich sitze alleine am Tisch, umgeben von Krümeln und Chaos, und fühle mich einsam. Ich esse den Toast zu Ende, rolle mir ein Frischkäse-Brotkrümel-Schinken-Bällchen, umwickele es mit einem Salatblatt und stecke es mir in den Mund. Mit vollem Mund räume ich ab, drücke Senf auf Melanias Fleischbällchen und vertilge auch das, während ich im Fernsehen eine Folge von »Peppa Wutz« anschaue. Und dann wundert man sich, wenn man vereinsamt und Gastritis bekommt.

Kitzeln

Heute Morgen ist Ginevra schon um fünf Uhr aufgewacht. Ich auch. Gestern Abend konnte sie schon nicht einschlafen und hat die ganze Nacht gejammert. Erst war ihr zu warm, dann zu kalt, dann hatte sie Durst, dann juckte alles. Um halb fünf klagte sie, die Füße täten ihr weh. Das erinnerte mich an meine eigene Kindheit, schmerzende Füße hatte ich damals auch immer. Besonders, wenn mich mein Vater von einem Museum ins nächste schleppte, der aber meinte, ich würde übertreiben.

Ich nahm Ginevras Füße in die Hände und massierte sie. Es half nichts, denn sie musste lachen, weil es kitzelte. Von diesem Moment an waren wir beide hellwach, an Schlaf war nicht mehr zu denken. Deshalb standen wir auf, gingen ins Bad, zogen uns an und landeten im Wohnzimmer. Wir machten es uns auf dem Sofa gemütlich, knabberten Kekse und schauten Zeichentrickfilme. Ginevra war begeistert, denn um diese Zeit liefen ganz andere Filme als am Vormittag. Gestern Abend hatten wir vergessen, die Rollläden herunterzulassen, und deshalb war das Wohnzimmer in sanftes Licht getaucht, eine Atmosphäre wie früher, in unserem Ferienhaus am Meer. Es war der erste Sonnenaufgang, den Ginevra und ich gemeinsam erlebten. Sie hatte ihr neues »Peppa Wutz«-T-Shirt an, ich streichelte sie, als wäre sie ein kleines Hündchen. Irgendwann sagte sie: »Sollen wir ab jetzt jeden Morgen so früh aufstehen, nur wir beide?« Ich lächelte ihr zu, wusste ich doch, dass sie heute Abend um neun wie ein Murmeltier einschlafen würde und ich sie morgen früh wachrütteln müsste, weil sie mit den Großeltern in die Berge fahren wollte. »Schau'n wir mal«, antwortete ich ausweichend. Kurze Zeit später tauchte eine zerzauste und verschwitzte Virginia im Wohnzimmer auf und sagte anklagend: »Hast du mich vergessen?« Auch Melania war inzwischen aufgewacht und sang in ihrem Bettchen ein Lied, das nur aus Vokalen bestand. Ich ging zu ihr, hob sie heraus, dabei legte sie mir ihren Kopf auf die Schulter. Virginia ging ins Bad und putzte sich die Zähne, Ginevra hatte sich einen Keks geholt. Während ich Melania ihre Milch gab, warf Ginevra mir einen komplizenhaften Blick zu, wie eine Erwachsene, als hätten wir ein gemeinsames Geheimnis.

Als wir im Auto saßen und zum Einkaufen fuhren, zog sich Ginevra die Schuhe aus und betastete ihre Füße.

»Weißt du, dass mir die Füße gar nicht mehr wehtun?«

»Gut«, sagte ich.

»Aber es kitzelt noch, und ich muss immer noch lachen.«

Im Rückspiegel sah ich sie und neben ihr Melania, die sich Keksrümel in den Mund stopfte, die auf den Sitz gefallen waren.

»Ich auch.«

Hundeaugen

Paola sagt immer, ich hätte Hundeaugen. Hundeaugen sind stets ein bisschen von unten nach oben gerichtet und geben dem Blick etwas Nebulöses und Melancholisches, was oberflächliche Menschen mit Seelentiefe verwechseln. Ich weiß, dass das ein Kompliment sein soll, denn Paola liebt Hunde über alles. Aber im Grunde ist der Gedanke lachhaft. Vielleicht verlieben wir uns in einen Menschen, weil er feinfühlig oder attraktiv oder freundlich ist. Oder weil er unseren Vorstellungen entspricht. Oder einfach zum richtigen Zeitpunkt da ist. Oder sie verliebt sich eben in dich, weil du Hundeaugen hast oder ein Grübchen in der linken Wange. Und du in sie, weil sie Ohren hat wie eine Zeichentrickfigur. Oder weil du jedes Mal lächelst, wenn du sie siehst, und dabei ein Grübchen bekommst. Links.

Nur drei Sachen

Die Mädchen wollen heute Abend Spaghetti, aber wir haben keine mehr. Paola hat ohnehin noch etwas zu erledigen, deshalb geht sie einkaufen.

»Bring bitte Chips mit!«, sage ich.

»Und Eis! Am besten Kirsche«, ruft Virginia, als Paola schon an der Tür ist.

»Soll ich es dir aufschreiben?«, frage ich.

»Hör mal, es sind gerade mal drei Sachen«, protestiert Paola mit dem »Für-wen-hältst-du-mich-eigentlich«-Blick.

Sie macht die Tür hinter sich zu und ist weg.

Nach einer Weile klingelt das Telefon. Virginia nimmt ab. Ich albere gerade mit Melania herum.

»Moment, ich geb ihn dir«, höre ich Virginia sagen.

»Wer ist dran?«

»Es ist Mama.«

Geschenke

Im Auto, auf dem Weg zu den Großeltern.

»Papa, du musst aufpassen.«

»Auf was denn, Ginevra?«

»Wenn du Mama noch mal fragen würdest, ob sie dich heiratet, würde sie Nein sagen.«

»Wie kommst du denn darauf?«

»Weil du ihr dann Blumen schenken müsstest.«

»Ja und?«

»Sie mag keine abgeschnittenen Blumen, die sollen lieber im Garten wachsen, hat sie gesagt.«

»Stimmt! Und jetzt?«

»Du darfst ihr auf keinen Fall etwas Künstliches schenken, das mag Mama nicht.«

»Hmm. Eine Amsel vielleicht?«

»Bloß nicht! Die Mama will nicht, dass Vögel in Käfigen gehalten werden.«

»Ganz schön schwierig, hast du einen Tipp für mich?«

»Schenk ihr ein Kätzchen.«

»Ein Kätzchen?«

»Ja.«

»Und das würde der Mama gefallen, meinst du?«

»Ja, das hat sie selbst gesagt.«

»Weißt du, dass ich noch jemand kenne, der schon lange ein Kätzchen will? Und sich alles Mögliche ausdenkt, nur um eins zu bekommen?«

»Und wer soll das sein?«

»Tja, ich glaube, du kennst sie auch.«

»Nein, die kenne ich nicht.«

Ich lache, Ginevra zieht ein Gesicht und schaut aus dem Fenster. Nach einer Weile fängt sie wieder an.

»Papa.«

»Ja?«

»Ein Pony würde auch gehen.«

Marisa

Heute Morgen bin ich ohne Frühstück aus dem Haus. Seit die beiden Großen in den Bergen sind, ist mein Rhythmus durcheinander, und erst im Auto fiel mir auf, dass ich nicht mal Kaffee getrunken hatte. Deshalb dachte ich mir: »Scheiß aufs Geld, ich geh zu Marisa in die Bar und gönne mir einen doppelten Espresso und ein Croissant.« Als ich aus dem Auto stieg, sah ich Marisa mit Eimer und Besen bewaffnet, die Rollläden waren heruntergelassen, sie wollte offensichtlich gerade sauber machen. Da fiel mir siedend heiß ein, dass die Bar montags Ruhetag hat. Heute ist Montag.

»Kein Problem, komm rein und leiste mir Gesellschaft«, sagte Marisa.

Ich setzte mich, und sie brachte mir ein gefülltes Brioche und einen Aprikosensaft, die Kaffeemaschine war ja außer Betrieb. Sie bot mir immer wieder an, sie anzuschalten, aber das wollte ich ihr nicht zumuten. Sie wirkte abgekämpft, immerhin ist sie schon über sechzig und hat ziemlich viele Stürme im Leben überstanden. Zum hundertsten Male erzählte sie mir ihre Lebensgeschichte. Wie sie drei Kinder alleine großgezogen hat. Wie sie die Bar gekauft hat, nachdem sie zunächst als Saisonkraft in den Reisfeldern, dann als Schuhmacherin, als Gemüsegärtnerin und schließlich zehn Jahre lang als Arbeiterin in einer großen Fabrik im Süden gearbeitet hatte. Sozusagen eine umgekehrte Emigrantin.

Während ich das Brioche genüsslich zu Ende aß und meine

begehrlichen Blicke auf dem verlockenden Angebot auf der Theke ruhen ließ, kam mir ein Gedanke.

»Marisa, warum hast du eigentlich auch am Ruhetag frische Brioches?«

»Ach, das ist so eine Gewohnheit, und der Bäcker kapiert es ohnehin nicht«, erwiderte sie, »außerdem kommt immer irgendjemand vorbei.«

In diesem Augenblick betrat ein dunkelhäutiger junger Mann die Bar, mit Plastiktüten in beiden Händen. Es sah aus, als würde John Wayne einen Westernsaloon betreten. Er war ein fast zwei Meter großer Hüne und bewegte sich so selbstverständlich, als wäre er hier zu Hause. Sofort dachte ich, jetzt kommt Marisas Auftritt: »Heute haben wir zu, verschwinde!« Wenn nicht Schlimmeres.

»Marisa, ist das nicht ein wunderschöner Tag?«, sagte der junge Mann.

»Stimmt, solange mir der Himmel nicht auf den Kopf fällt, schöner junger Mann«, erwiderte Marisa und stand auf.

Er stellte die Tüten auf dem Boden ab, öffnete eine und holte einen Karton mit bunten Feuerzeugen heraus.

»Welches darf's denn heute sein?«, fragte er.

»Orange.«

Marisa nahm das Feuerzeug, musterte den Riesen von Kopf bis Fuß und legte es dann auf die Ablage neben dem Tresen, wo bereits etwa fünfzig Feuerzeuge in diversen Farben aufgereiht waren. Dann ging sie zur Theke, nahm eine Papiertüte mit Henkeln, legte einige Brioches und eine Flasche Mineralwasser hinein und gab sie dem jungen Mann. Er lächelte und enthüllte dabei eine Reihe schneeweißer Zähne. Dann raffte er seine ganzen Habseligkeiten zusammen, nickte Marisa zu und ging zur Tür. Mich hatte er überhaupt nicht beachtet.

»Nicht alle auf einmal essen, Mamur!«, rief Marisa ihm nach.

Mamur winkte und biss bereits in die erste Brioche.

Marisa drehte sich um, setzte sich neben mich und registrierte meinen fragenden Blick.

»Feuerzeuge kann man nie genug haben«, meinte sie.

»Stimmt.«

Und dann bekam ich dieses Zucken im linken Auge, als kämen mir die Tränen. Als Marisa mich fragte, ob ich noch einen Saft wollte, sagte ich, nein, ich müsse jetzt gehen.

Über den Wolken

Ginevra ruft mich aus der Berghütte der Großeltern an.

»Papa, weißt du, was? Hier scheint die Sonne.«

»Wie schön, mein Herz, hier ist es ein bisschen neblig.«

»Warum bei uns nicht?«

»Weil ihr höher seid als der Nebel, fast über den Wolken!«

»Ach, Quatsch, die Wolken sind doch am Himmel!«

»Ich meinte, wenn der Nebel eine Wolke wäre, dann wärt ihr über ihr.«

»Papa, was passiert, wenn ich auf eine Wolke hüpfe?«

»Dann fällst du durch sie hindurch, sie besteht nur aus Wasserdampf.«

»Und wenn ich auf den Nebel hüpfe?«

»Der Nebel ist genauso wie eine Wolke, da kann man nicht draufhüpfen.«

»Och, Papa!«

»Ich kann nichts dafür, Ginevra, es geht einfach nicht.«

»Gib mir mal die Mama, ich frage sie noch mal. Bei dir darf ich ja nie was.«

Die Schachtel (Über das Leben mit Paola)

Ich lebe in einer Schachtel. Die Schachtel hat einen Deckel. In dem Deckel sind kleine Löcher, durch die Luft und auch ein wenig Licht hereinkommen. Die Luft und das Licht sorgen dafür, dass ich in Schwung bleibe. Manchmal überkommt mich der Tatendrang wie eine Woge, dann nehme ich den Deckel ab, die Schachtel verwandelt sich in ein Boot und wird von den Wellen davongetragen. Es sind aber keine Meereswellen, sondern eher die Stromschnellen eines reißenden Flusses. Weiße Schaumkämme, die schnell zu kleinen Strudeln werden. Wer mich als Erster einsaugt, hat gewonnen. Das ist fast nie der Strudel, von dem ich es erwartet habe. Wenn der Strudel mich erfasst, setze ich den Deckel wieder auf die Schachtel, durch die Löcher kommt jetzt Wasser. Aber die Schachtel läuft nie ganz voll. Wenn ich aus dem Strudel wieder auftauche, nehme ich den Deckel wieder ab. Ich bin völlig durchnässt, aber noch am Leben.

Ich brauche die Schachtel zum Atmen. Die Löcher im Deckel helfen mir, meine Wünsche am Leben zu halten. Die Wellen brauche ich, um mich weit wegtragen zu lassen, und die Strudel, damit ich die Tiefen des Flusses erforschen und die elementare Bedeutung der Schachtel erkennen kann. Im Innern der Schachtel träume ich von der Schönheit draußen. In der Schönheit draußen vermisse ich die Stille der Schachtel.

Die meisten Menschen, denen ich begegnet bin, haben vergeblich versucht, mich aus der Schachtel herauszuziehen. Nur wenige sind bis in ihr Inneres vorgedrungen. Und diese wenigen haben es dort nicht lange ausgehalten. Der Mensch, mit dem ich heute zusammenlebe, ist der einzige, der jemals seine eigene Schachtel mit in meine gebracht hat.

Und mir dann klargemacht hat, dass es die gleiche ist.

Gianni

Ich telefoniere mit Virginia.

»Papa, heute haben wir mit Opa im Wald eine Schlange gesehen!«

»Und was für eine Schlange, Virginia?«

»Opa hat gesagt, sie heißt Blindschleiche.«

»Blindschleiche. Ah, gut, die sind nicht gefährlich. Küsschen! Und jetzt gibst du mir noch mal deine Schwester, okay?«

»Gut, ciao, Papa!«

Sie gibt den Hörer weiter.

»Ciao, Papa! Wirhabenheuteimwaldeineschlangegesehen, die war *riesig*.«

»Ach, wirklich. Und was für eine Schlange war das, Ginevra?«

»Sie hieß Gianni.«

Gewinnen

Meine Töchter zu beobachten, hilft mir, den Fokus auf die wirklich wichtigen Dinge im Leben zu richten.

Ein Beispiel: Paola ist gerade im Supermarkt, die Kinder spielen im Haus Fangen. Ich sage »Eins-zwei-drei – los!«, und sie rasen wie die Wilden durch das Wohnzimmer und den Flur bis in ihre Zimmer und dann wieder zurück.

Virginia und Ginevra, die beiden Größeren, sind wirklich schnell, schubsen und drängeln und werfen sich gegenseitig vor, einander behindert zu haben. Sie wollen unbedingt gewinnen. Mal hat die eine die Nase vorn, mal die andere.

Melania ist immer Letzte, und manchmal wird sie von den beiden anderen sogar über den Haufen gerannt. Aber sie rappelt sich jedes Mal wieder auf und lacht.

Melania will nicht gewinnen. Für sie geht es nicht um den Wettbewerb: Sie rennt einfach gerne.

Bäume fällen

Virginia ist mit den Großeltern in den Bergen. Sie ruft mich an.

»Papa, weißt du, dass Opa den Baum gefällt hat?«

»Warum das denn? War der Baum krank?«

»Opa hat gesagt, er ist tot, und deshalb musste er ihn fällen.«

»Okay, er wird ja nicht so groß gewesen sein.«

»Doch, er war riesig, höher als das Haus.«

»Wie bitte? Was für ein Baum war das denn?«

»Eine Pinie.«

»Eine Pinie? Da hat ihm doch sicher jemand geholfen, oder?«

»Nein, er war ganz alleine. Er hat die Motorsäge genommen.«

»Aber der Baum war doch hoffentlich weit genug vom Haus entfernt?«

»Nö, er stand im Garten, direkt neben der Bank. Ginevra und ich haben geholfen, die Äste klein zu schneiden.«

»Mein Schatz, gibst du mir mal den Opa, bitte?«

»Geht nicht.«

»Warum nicht?«

»Er ist auf dem Dach und holt meinen Ball wieder runter.«

Mein Vater ist fünfundsiebzig.

Ich habe die beiden Mädchen bei ihm gelassen, damit ich in Ruhe arbeiten kann und weil ich annahm, dass sie bei ihm gut aufgehoben sind.

Nächstes Jahr schicke ich sie lieber ins Feriencamp in die Sibirische Tundra.

Unser Nachbar hat eine Kuh

Unser Nachbar hat eine Kuh. Unsere Grundstücke sind nur durch einen schmalen Streifen Wald getrennt, der um diese Jahreszeit ein undurchdringliches Dickicht bildet. Man kann nicht mehr hindurchsehen. Hinter dem Wald steht ein Stall. Und direkt über dem Stall befindet sich die Wohnung des Nachbarn. Das ganze Gebäude hat ein bisschen was von Rapunzels Turm.

Die Kuh unseres Nachbarn liebt Musik. Und er weiß genau, dass eine glückliche Kuh bessere Milch gibt. Deshalb beschallt er sie regelmäßig werktags um neun Uhr abends und sonntags um drei Uhr nachmittags mit Schlagern. Und zwar auf voller Lautstärke, versteht sich.

Wenn es der Kuh mal nicht so gut geht oder sie einen schweren Tag hatte, läuft die Musik auch nachts, dann allerdings leiser, und keine Schlager. Nachts ist Klassik angesagt, Chopin und Haydn, aber hauptsächlich Beethoven.

Und wenn du um ein Uhr morgens einzuschlafen versuchst, bei offenem Fenster, weil es so heiß ist, wirst du eingelullt von sanftem Muhen, das auf wundersame Weise synchron zu sein scheint mit der Klaviersonate Nr. 14, Beethovens »Mondscheinsonate«.

Irgendwann kommt dann das Wildschwein aus dem Wald, und hier würde jetzt Wagner besser passen. Aber man kann nicht alles haben.

Allein zu Hause (Meli und ich)

Melania und ich sind bis morgen allein zu Hause. Wir haben den ganzen Vormittag auf dem Balkon gespielt, uns unter Stofftieren und bunten Bauklötzen vergraben und haben dann alles auf den Rasen geworfen. Danach stand Sport auf dem Programm. Ich auf dem Skateboard, sie auf dem Roller, aber als wir in das Basilikumbeet gebrettert sind, haben wir aufgegeben.

Zu Mittag gab es Reissalat. Melania hat es tatsächlich geschafft, nur den Reis zu essen, sie hat immer nur ein Korn auf den Löffel genommen und das ganze Gemüse umschifft. Als kein Reis mehr da war, trennte sie die Wurstscheiben von den Thunfischstückchen, schob alle Kapern auf eine Seite des Tellers und sortierte das Gemüse nach Farben. Sie baute kleine Türme aus Käsewürfeln und kegelte sie dann mit den Zwiebeln und den Oliven wieder um. Sie aß alles einzeln, von den Kapern abgesehen, die sie aussaugte und danach wieder ausspuckte, als hätte sie eine Fliege verschluckt. Dann wollte sie ein Brötchen und höhlte es aus, und wenn man sein Ohr daran legte, konnte man das Meer rauschen hören. Danach klaute sie mir zweimal das Telefon. Das erste Mal fand ich es unter dem Tisch, wir führten seit achtzehn Minuten ein Gespräch mit dem Pizzaservice. Das zweite Mal rief sie den Umschlaggestalter von »Dylan Dog« an. Während ich im Bad war, stibitzte sie einen meiner Filzstifte und malte sich ein riesiges rotes X auf den Bauch, genau zwischen Bauchnabel und Brustkorb. Es sah aus wie vor einer Gallenblasen-OP. Gegen zwei legte ich sie zum Mittagsschlaf hin. Vor einer halben Stunde ist sie aufgewacht und sang »Bruder Jakob«. Ich habe die Tür aufgemacht und sie aus dem Bett geholt, sie wollte ein Eis. Überraschenderweise eins mit zwei Keksen. Der erste Keks klebt jetzt auf dem Fernsehbildschirm, der zweite ist auf Tauchgang in dem Putzeimer mit dem Wischmopp, und wir erwarten in Kürze erste Erfahrungsberichte. Das Eis hat sie mit den Krümeln (Cracker und Chips) auf dem Tisch vermischt und zu einem Knödel gedreht, den sie hochzufrieden verspeiste. Aber nur zur Hälfte. Den Rest hat sie mir angeboten, und da ich sie nicht beleidigen wollte … Gar nicht mal so übel, auch wenn der Knödel im Abgang ein wenig nach Filzstift geschmeckt hat.

Jetzt sitzen wir hier, die »Peppa Wutz«-Folge, in der George erkältet ist, ist vorbei, und wir fragen uns, ob wir jetzt die Großeltern, den Pizzaservice oder die Redaktion anrufen und ihnen etwas vorsingen sollen. Mal sehen.

Aufkleber im Gesicht

Heute Morgen beim Frühstück fragte Ginevra: »Papa, warum kommt man, wenn man tot ist, in den Himmel?«

Da sie sich mit diesem Thema schon eine Weile beschäftigt und gestern bereits ihre Mama dazu befragt hat, versuche ich Zeit zu gewinnen und stelle mich dumm.

»Wie meinst du das, Ginevra?«

»Warum kommt man erst in den Himmel, wenn man tot ist? Es wäre doch viel schöner, dort zu sein, wenn man noch lebt!«

»Ginevra«, erwiderte ich, »wenn wir noch leben, sind wir zu schwer.«

»Warum?«

»Weil unser Körper wie Ballast ist. Weißt du, was das ist?«

»Nein.«

»Eine Art Anker. Das Gewicht hält uns hier fest, wie ein Schiff, das im Hafen festgemacht hat oder auf dem Meer ankert. Wenn der Anker gehoben wird, fährt es los.«

»Dann sind wir wie Schiffe?«

»Irgendwie schon.«

»Also ist sterben so ähnlich wie aufs Meer hinausfahren?«

»Nun ja, im Meer sind wir immer, auch jetzt. Nur wenn wir sterben, haben wir keine Angst mehr, ganz weit rauszufahren.«

Eine ganze Weile schwieg sie.

»Virginia hat gesagt, dass man durchsichtig wird, wenn man stirbt. Ich will nicht durchsichtig werden!«

»Doch nur für die, die dich nicht kennen. Weißt du, wenn du stirbst, dann sehen dich die Menschen, die dich lieben, trotzdem noch, auch wenn du durchsichtig bist.«

»Und wie?«

»Sie sehen dich durch ihre Erinnerungen. Wie wenn du im Auto aus dem Fenster schaust, das ist ja auch durchsichtig. Aber du hast ganz viele Aufkleber drangepappt und weißt, dass es eine Scheibe ist. So ähnlich ist das mit Erinnerungen auch.«

»Und wenn man noch lebt?«

»Was, wenn man noch lebt?«

»Wenn man noch lebt, dann wird man nicht durchsichtig?«

»Nein, dann nicht. Aber an manchen Tagen kann es trotzdem sein, dass Leute dich nicht beachten, so als ob du unsichtbar wärst. Wie nachts, wenn man nichts sehen kann.«

»Und warum?«

»Weil man ganz aufmerksam sein muss, um die anderen wirklich gut sehen zu können. Um sie auch im Dunkeln sehen zu können, auch in der Nacht. Wie Katzen.«

Sie dachte nach.

»Papa, ich sehe dich nachts.«

»Ich dich auch, Ginevra, und deshalb komme ich nachts immer noch mal vorbei und gebe dir einen Kuss, wenn du schon schläfst.«

»Weiß ich.«

»Das weißt du?«

»Ja, weil Küsse so sind wie Aufkleber auf dem Autofenster, oder?«

»Ja, genau.«

»Und deshalb müssen wir uns oft küssen, damit wir niemals unsichtbar werden.«

Wir zwei

Warum liebst du mich?, hat sie ihn einmal gefragt. Er schnippelte gerade Karotten. Er hielt inne und antwortete: Darum. Aber warum?, hakte sie nach. Was ist denn das für eine Antwort? Er legte das Messer weg und drehte sich um. Warum magst du Cola?, fragte er. Was hat denn Cola damit zu tun? Weil sie schmeckt, ich mag sie, weil es Cola ist, antwortete sie. Aha, sagte er, ich trinke lieber Bier. Ich mag kein Bier, sagte sie. Und deshalb liebe ich dich, sagte er. Weil ich kein Bier mag?, fragte sie. Irgendwie schon, antwortete er und schnippelte weiter Karotten, während sie ihm dabei zusah. Wofür sind die Karotten?, fragte sie. Für ein Hühnercurry, sagte er. Mag ich nicht, sagte sie. Ich weiß, sagte er, aber ich hatte Lust drauf, und für dich bestellen wir eine Pizza. Mit Oliven?, fragte sie. Logisch, antwortete er. Auch Cola?, fragte sie. Ja, sagte er. Küss mich, sagte sie. Gut, sagte er und küsste sie. Du schmeckst nach Bier, sagte sie. Tut mir leid, sagte er, warte, ich putze mir die Zähne. Und sie: Küss mich danach noch mal.

Der Pony

Paola kommt aus Paris zurück, und wir wollen sie vom Flughafen abholen. Ginevra will unbedingt die italienische Flagge mitnehmen. Sie ist nämlich fest überzeugt, wir würden nach Frankreich fahren, und wenn wir eine italienische Flagge dabeihätten, würden alle wissen, dass wir Italiener sind. Während der Fahrt quengelt Melania, das sie mal aufs Klo muss, Virginia singt aus voller Kehle ein Lied, das sie über Kopfhörer auf dem iPod hört, beides ist eine Herausforderung. Ginevra schwenkt die Flagge, als hätten wir die Fußball-WM gewonnen, und bringt dann das Thema Haare aufs Tapet.

»Papa, warum habe ich Locken?«

»Weil Mama dir bei deiner Geburt welche mitgegeben hat, Ginevra.«

»Aber warum?«

»Weil alle Mütter ihren Töchtern ihre Haare vererben. Virginia und Melania haben auch Locken, oder? Deshalb.«

»Aber ich will glatte Haare. Und einen Pony.«

»Ginevra, du bist schön so, wie du bist. Ich mag keine Ponys, und außerdem steht so was auch nicht jedem Mädchen. Außerdem ist deine Stirn viel hübscher, wenn man sie sehen kann, glaub mir.«

»Aber ich mag Ponys!«

»Okay, wenn du groß bist, dann kannst du die Haare so tragen, wie du willst.«

Pause. Sie sieht mich an.

»Papa, warum hast du ein Loch?«

»Hä? Wo denn?«

»Am Kopf, an der Seite.«

Sie fasst mir an die Schläfe.

»Das ist kein Loch!«

»Jawohl, das ist ein L…«

»Nein, das sind Reflexe!«

»Reflexe?«

»Genau.«

»Und was ist das?

»Wenn das Licht auf das Haar fällt, sieht das manchmal aus wie ein Loch, weil das Haar dort heller ist, aber es ist kein Loch. Verstanden?«

»Papa?«

»Was?«

»Es sieht aber trotzdem aus wie ein Loch.«

»Aber nur ein kleines, oder?«

»Siehst du, wenn du jetzt einen Pony hättest …«

Virginia ist erst acht

Gestern bin ich mit Virginia zum Essen zu meiner Mutter gefahren. Nach fünf Minuten im Auto setzte sie die Kopfhörer ab und sagte zu meiner Überraschung: »Wollen wir uns unterhalten?« Mein erster Gedanke war zugegebenermaßen: »Oh Gott, was kommt jetzt?«, denn Virginia war immer schon sehr direkt.

»Okay, über was wollen wir reden?«, antwortete ich mit einer Gegenfrage.

»Wir müssen uns ein Thema aussuchen.«

»Such du was aus.«

»Wir könnten über Häuser reden.«

»Gut, reden wir über Häuser.«

»Ich geb dir mal ein Beispiel«, sagte Virginia. »Warum werden riesige Häuser aus Beton gebaut statt Hütten aus Zweigen und Blättern, wo man glücklich und zufrieden in der Natur leben und sich von Früchten und Pflanzen ernähren kann?«

»Pfff«, stöhnte ich.

»Was meinst du?«

»Virginia …«, begann ich, »Menschen wollen sich sicher und geborgen fühlen, das war schon immer so. Und Häuser aus Stein oder Beton geben einem eher das Gefühl von Sicherheit als eine Hütte aus Zweigen. Zum Beispiel als Schutz gegen Wind und Wetter und wilde Tiere …«

»Aber wenn man die wilden Tiere in Ruhe lässt und nicht

mehr jagt, müsste man sich auch nicht mehr vor ihnen schützen. Kann man nicht warten, bis die Tiere von selbst sterben, und sie dann essen? Und so lange ernährt man sich halt von Gemüse und Früchten und Beeren und Wurzeln.«

»So kann man das sehen«, entgegnete ich.

»Und wenn wir in der freien Natur leben würden, könnten wir saubere Luft atmen und müssten nicht die Abgase von Fabriken und Autos und Motorrädern …«

»Virginia«, unterbrach ich sie.

»Ja?«

»Du bist erst acht.«

»Ja und?«

»Könnten wir das Thema wechseln?«

»Schön, über was willst du reden?«

»Wen magst du lieber: Mama oder Papa?«

Der Alltag des Comic zeichnenden Vaters

Die Situation:
Morgens, halb sechs. Ich gehe runter ins Arbeitszimmer. Während ich meinen Kaffee trinke, gehe ich auf Facebook und die erste Seite der »Repubblica«. Ich schaue in den Posteingang, man weiß ja nie.

Ich setze mich an den Schreibtisch und schalte die Lampe an. Das leere weiße Blatt starrt mich an. Ich starre zurück. Wir fixieren uns, bis einer den Blick abwendet. Das bin meistens ich. Ich stehe auf und blättere in einem Comic von Williamson oder Boucq, um Energie zu tanken. Allerdings deprimiert mich das eher.

Ich schaue aus dem Fenster, es dämmert und es regnet. Ich setze mich wieder. Ich beginne grob etwas zu skizzieren, als Lockerungsübung. Keine richtigen Zeichnungen, sondern eher Kritzeleien, wahllose Zeichen, unterschiedlich starke Stiftabdrücke. Angedeutete Gesichter.

Erst dann schaue ich mir die Geschichte an, lese laut, wenn es Dialoge sind, ohne mich mit dem Rest aufzuhalten. Wenn ich mir die Szene und die Mimik und Gestik vorstellen kann, ohne den Text lesen zu müssen, dann ist alles gut. Ich überfliege die anderen Infos (Handlungsort und Bildausschnitte) und entwerfe rasch ein Layout auf DIN A4, keine Bezüge und Hinweise, alles ganz spontan. Nur um die zu umschiffenden Klippen abzuwägen.

Jetzt beginnt der angenehme Teil: Ich scanne das Layout

und drucke es in A3 aus. Dann treibe ich mich bei Google herum, um mich von den großen Meistern inspirieren zu lassen. Jetzt kann ich anfangen, das Ganze auf das größere Blatt zu übertragen. Das ist meist der Moment, an dem von oben eine Stimme zu hören ist.

»Papaaa!«

Ganz ruhig. Vielleicht habe ich mich verhört.

»Papaaaa!«

Nicht aufstehen. Nur eine Halluzination.

»Papaaaaaaa!«

Okay. Die Stimme ist echt.

»Virginia?«

»Melania ist waaach!«

»Aha, ich komme sofort. Und Ginevra?«

»Macht Pipiiiiii!«

Es ist halb acht. Ich lasse alles stehen und liegen, der Schreibtisch sieht mich vorwurfsvoll an, in meinem Kopf höre ich »Take my breath away«. Ich gehe die Treppe hoch und mache der Großen Frühstück, Milch für die Kleine. Dann gehe ich auf die Suche nach der Mittleren. Sie springt auf dem Bett in unserem Schlafzimmer herum, neben ihr ein schlaftrunkenes menschliches Wesen, das mühsam die blutunterlaufenen Augen öffnet und mich fixiert. Zum Glück verstehe ich, was diese Augen mir sagen wollen: »Bitte nur noch ein Stündchen, ich bin erst um drei ins Bett.« Natürlich sind in dieser Augensprache »bitte« und »Scher dich zum Teufel« nur schwer auseinanderzuhalten.

Ich schnappe mir die Mädchen, und wir gehen ins Wohnzimmer und schauen Zeichentrickfilme. Die Mittlere beginnt die Wände zu bemalen, die Große versucht, die Kleine zu Küsschen zu animieren, aber die steckt ihr die Finger in die

Augen. Ich knabbere an einem Hörnchenrest, nehme das iPad und fange an, nach dem Zufallsprinzip Mails zu beantworten.

Als Lazarus etwa gegen Mittag wiederaufersteht, teilen wir die Mädchen auf. Die Kleine kommt mit mir ins Arbeitszimmer, die Großen fahren mit Paola. Manchmal auch andersherum.

Es ist Dienstag, wir haben August, Woche egal. Der typische Tagesablauf während der Sommerferien. In fünf Tagen ist wieder Schule. Ich könnte heulen.

Schokoladenkekse (Sommer)

Dir fällt auf, dass deine Kinder größer werden, wenn sie anfangen, sich um sich selbst und um andere zu kümmern. Virginia hat gelernt, Melanias Windeln zu wechseln, und erklärt Ginevra, warum man keine Tiere töten und keine Schimpfwörter sagen darf. Und wenn Ginevra irgendwas nicht versteht, dann fragt sie nicht mehr Mama oder Papa, sondern Virginia. Wenn Melania es mit ihren Launen übertreibt und Paola und ich versuchen, sie zu ignorieren, dann geht sie zu Ginevra, um sich trösten zu lassen oder eine Verbündete zu finden. »Papa, du darfst Meli nicht böse sein, sie ist doch noch so klein!«, sagt Ginevra dann. Aber meistens kümmert sich Virginia um ihre kleine Schwester, nimmt sie in den Arm, legt sich mit ihr auf das Sofa und streichelt ihr übers Haar. Und wenn ich sie da so aneinandergekuschelt sehe, Melanias Kopf auf Virginias Brustkorb, beide mit geschlossenen Augen, dann spüre ich etwas in mir, was ich nicht genau benennen kann, ich begreife einen Moment lang, wie Virginia als Mutter sein wird, und dieses Gefühl ruft in mir gleichermaßen Stolz und Verzweiflung hervor.

Die Mädchen entwickeln ihre eigenen Persönlichkeiten. Melanias »NEIN!« wird jetzt mit nachdrücklicher Überzeugung ausgesprochen und will ernst genommen werden, besonders wenn sie alle drei zusammen spielen. Ginevras Gesichtsausdruck ist inzwischen noch rebellischer geworden, und wenn sie ihr Prinzessinnenkostüm anhat, kommt sie mir wie eine wütende fünfjährige Rapunzel vor, der ein experimentierfreudiger Friseur die Haare platinblond gefärbt hat. Oder wie eine Elsa aus »Die Eiskönigin«, die mich schockgefriert, wenn ich gerade auf der Toilette sitze. Dazu gibt's nicht enden wollende Untertitel, altkluge Kommentare und bohrende Fragen von Virginia, die sicher einmal Fernsehansagerin oder Greenpeace-Aktivistin werden wird.

Ich sehe die drei an und weiß, dass sie von Tag zu Tag selbstständiger werden, und es kommt mir vor, als würde mir das Leben etwas wegnehmen.

Deshalb bewahre ich wohl auch die Schokoladenkekse im obersten Schrankfach auf, damit Ginevra und Melania mich noch darum bitten müssen, die Schachtel herauszuholen. Oder ich erfinde abenteuerliche Ausreden, warum Virginia ihren Toast nicht selber machen kann, und behaupte, ich hätte als Kind damit mal fast das Haus abgefackelt. Und ich gebe in neun von zehn Fällen nach, wenn Melania weint, auch wenn ich weiß, dass es nichts Ernstes ist. Und schleppe sie durchs Haus wie eine Känguru-Mama ihr Baby, rühre das Essen mit dem Löffel im Mund, schneide mit einer Hand Zwiebeln, decke den Tisch im Zeitlupentempo und schreibe meine Posts mit links. Ich habe um acht Uhr sechsunddreißig angefangen und bin gerade erst fertiggeworden, die linke Schulter voller Kekskrümel, der Pulli vollgesabbert. Aber was will man machen.

Offener Brief an Fedez

Lieber Fedez,

wir kennen uns nicht, deshalb möchte ich mich erst einmal vorstellen: Mein Name ist Matteo Bussola, und ich bin Vater von drei Töchtern.

Ich schreibe dir, weil meine älteste Tochter Virginia, sie ist achteinhalb, sich als »dein größter lebender Fan« bezeichnet. Ich habe versucht, ihr zu erklären, dass Musiker meist keine toten Fans haben, aber dann habe ich an gewisse Sängertypen gedacht und war mir nicht mehr so sicher. Natürlich ist Virginia davon überzeugt, dass du im Laufe deiner Karriere nur drei Lieder geschrieben hast, nur die drei, die sie mit ihren Kopfhörern auf dem iPad hören darf (die anderen sind aus Jugendschutzgründen ungeeignet). Ich bin sicher, dass sie dich wirklich wegen deiner Musik mag und nicht, weil du berühmt bist.

Virginia hat als größten Wunsch auf der Welt geäußert, ein Autogramm von dir zu bekommen. Ich gebe es offen zu, mir hätte es besser gefallen, wenn sie Julio-Iglesias-Fan wäre, wie ihr Vater, oder für Goldrake schwärmen würde, aber ich weiß, dass man Liebe nicht steuern kann. Sie ist einfach da, und Schluss. Ich wollte dir erst eine persönliche Nachricht über Facebook zukommen lassen, musste dann aber feststellen, dass das nicht möglich ist. Also dachte ich an einen Post auf deiner Pinnwand, aber einen so langen Eintrag hättest du wahrscheinlich nicht mal zu Weihnachten gelesen. Und schließlich kam mir der Gedanke, dass man über Facebook mit so vielen Leuten vernetzt ist, die wieder andere Leute kennen … Irgendeiner meiner Kontakte wird meinen Post sicher an dich weiterleiten. Ich bin übrigens Comiczeichner für Sergio Bonelli Editore, und meine Lebensgefährtin ist eine der Autorinnen von »Dylan Dog«. Vielleicht hast du ja eine Leidenschaft für Comics oder bist »Dylan-Dog«-Fan? Oder von »Tex«? Oder von »Zagor«? Vielleicht könnte ich eine Figur für dich zeichnen, ein echtes Original mit Unterschrift und allem Drum und Dran, und gegen ein Autogramm von dir tauschen? Was meinst du? In der Comicszene sind wir keine Unbekannten, wir sind sogar ein bisschen berühmt, mit dir natürlich nicht zu vergleichen, klar, aber wenn wir Sänger wären, dann liefen wir zumindest in der Hitparade. Hin und wieder schaue sogar ich eine Folge »X-Factor« an und habe festgestellt, dass nichts unmöglich ist. Selbst ein Autogramm von dir. Als meine Tochter mich anflehte: »Papa, ich MUSS UNBEDINGT ein Autogramm von Fedez haben! Wie soll ich das nur machen?«, und mir dabei einen Blick zuwarf, der noch ihr flehentliches Gesicht im Gardaland übertraf, als ich mit ihr Achterbahn fahren sollte (ich leide an Schwindel), da sah ich ihr fest in die Augen und sagte: »Virginia, wir versuchen es.« Aber wie sagt Meister Yoda: »Tu es oder tu es nicht. Versuchen gilt nicht!« Ich gehe davon aus, dass Virginia dieses »Wir versuchen es« als »Mach dir keine Sorgen, Papa regelt das schon« verstanden hat.

Und deshalb, lieber Fedez, bitte ich dich: Lass mich nicht hängen. Denn eine Welt, in der achtjährige Mädchen nicht mehr daran glauben, dass ihre Papas all ihre Träume erfüllen können, wäre eine schlechte Welt, auch für dich.

Ich danke dir im Voraus von Herzen, vorausgesetzt, du liest das hier. Yo, Alter, oder wie auch immer ihr das ausdrückt.

In fede(z), dein treu ergebener Matteo Bussola

Herbst

Nicht für immer

Ich habe Melania gerade in den Kindergarten gebracht, das erste Mal nach der langen Sommerpause. Im Vorraum mit den Spinden drängten sich gut gekleidete Eltern mit ihren Kindern auf dem Arm, die sich so eng an sie schmiegten wie Muscheln an einen Felsen. Es wimmelte nur so von Menschen, die ersten mussten schon um fünf Uhr morgens gekommen sein. Die Bandbreite der elterlichen Gesichtsausdrücke reichte von »Es ist vorbei!« über »Es geht wieder los!« bis zu »Endlich haben wir wieder ein Leben!«. Die Übergabe der Kinder an die Kindergärtnerinnen wurde von herzzerreißendem Schluchzen begleitet. Wir waren die Schluchzer Nummer sieben, die allerdings schnell verebbten. Obwohl das abschließende Crescendo durchaus Callas-Niveau hatte.

Schon auf der Treppe nach draußen überfiel mich ein leises Schuldgefühl. Ich stieg ins Auto, die Kindersitze waren leer. Keine Kinder mehr. Ich wollte noch zum Zeitungskiosk, aber da ich wusste, dass Paola ungeduldig zu Hause wartete, fuhr ich gleich zurück. Virginia lag auf dem Sofa und schaute »Der Herr der Ringe«, und Ginevra fragte mich, ob sie das letzte Schokoladen-Osterei essen könnte. Paola wartete im Schlafzimmer, mit diesem etwas wehmütigen Blick der Kormorane, wenn ihnen beim Fliegen ein Fisch aus dem Schnabel fällt.

»Und?«, fragte sie.

»Alles okay.«

»Erzähl doch mal.«

»Nichts Besonderes. Als wir rein sind, war alles okay, dann hat sie angefangen, herzzerreißend zu weinen, als ob sie mich nie wiedersehen würde.«

Jetzt ähnelte Paolas Gesichtsausdruck nicht dem Blick der Kormorane, sondern dem der Fische, die noch nicht genau wissen, ob nach dem Sturz die Rettung auf sie wartet oder der Tod.

»Welche Erzieherin war da?«

»Sie waren zu zweit«, sagte ich. »Ich mach mir einen Kaffee.«

Ich verließ das Zimmer, und Paola wollte eine Tasse Milch. Ich fragte, ob ich Zucker reinmachen sollte, und wärmte die Milch auf. Dann nahm ich meinen Kaffee und ging runter ins Arbeitszimmer.

Jetzt sitze ich hier. Von oben sind keine Kinderstimmen mehr zu hören, keine trampelnden Füße, keine zusammenstürzenden Bauklotztürme. Ein Teil von mir freut sich, denn er weiß, dass sich die Arbeitszeit in nächster Zeit ausdehnen wird wie ein aufgeblasener Luftballon. Der andere Teil leidet unter dem Zuviel an Zeit, diesem Phänomen, das Eltern packt, wenn sie wissen, dass jetzt alles wieder seinen geregelten Gang geht, sie aber in Gedanken noch in der letzten Woche sind, mit Stress ohne Ende, mit einem Kinderkopf auf der Schulter und dem Pulli voller Kekskrümel.

Man kommt darüber hinweg, jeden Tag ein Stück mehr. Aber nie ganz.

Der Schirm

Als ich Melania heute Morgen in den Kindergarten gebracht habe, goss es wie aus Kübeln. Ich hatte vor, sie zum Auto zu tragen und sie auf dem Weg dorthin mit dem großen Schirm vor dem Regen zu schützen. Mein Plan ging nicht auf. Melania brüllte und heulte, weil sie unbedingt ihren eigenen Schirm haben und alleine zum Auto gehen wollte. Anfangs tat ich das als eine ihrer Marotten ab, aber nach einer Weile fragte ich mich: Warum eigentlich nicht? Ich fing an, im Haus und im Auto nach dem blauen Mini-Schirm mit den aufgedruckten Prinzessinnen zu suchen, aber ohne Erfolg. Ich wollte fast schon aufgeben, als ich unter dem Beifahrersitz etwas Rotes hervorblitzen sah. Ich zog daran, und was kam zum Vorschein? Ein Taschenschirm! Wer weiß, wie lange er schon dort gelegen hatte. Ich spannte ihn auf, er hatte drei Löcher, aber Melania beschloss spontan, dass es ihrer sei und sie jetzt zu Fuß zum Kindergarten gehen würde. Wenn Melania einmal etwas beschlossen hat, dann gibt es daran nichts mehr zu rütteln. Einmal hat sie Ginevras Rollschuhe entdeckt und beschlossen, dass auch sie Rollschuh fahren würde. Paola und ich meinten, sie sei dafür noch zu klein, aber sie zog sich die Rollschuhe an, fiel ein einziges Mal hin, rappelte sich wieder hoch und sauste danach schnell wie der Blitz an uns vorbei. Sie platzte fast vor Stolz. Jetzt hielt ich ihr also den Schirm hin, sie griff mit beiden Händen danach und machte sich glücklich und zufrieden auf den Weg in den Kindergarten. Sie ging in Schlangenlinien, weil sie den Schirm so tief hielt, dass sie nichts sehen konnte. Unterwegs trat sie fast in jede Pfütze, aber ich sagte nichts. Im Kindergarten angekommen, war sie wie durch ein Wunder fast trocken geblieben, bis auf die Füße natürlich. Ich zog ihr Jacke und Mütze aus und wechselte ihr die Socken, dann sahen wir uns in die Augen. Ich weiß nicht, wer stolzer war: sie oder ich. Während Melania in den Gruppenraum lief, dachte ich darüber nach, dass es bei der Entscheidung, ob man sich etwas zutraut oder nicht, einen ständigen Begleiter gibt: unsere Angst. Und gegen die Angst gibt es nur ein Mittel. Nicht Kraft, nicht Mut und auch nicht Entschlossenheit, sondern etwas viel Wichtigeres: Neugier.

Kinder sind von Natur aus neugierig. Warum wir als Erwachsene unsere Neugier verlieren, ist mir ein Rätsel. Wahrscheinlich vor allem deshalb, weil wir sie oft mit unserem Sicherheitsbedürfnis überspannen, genau wie mit einem Schirm. Wir vergessen, dass wir nicht erwachsen werden, solange wir nicht lernen, uns selbst zu schützen, und dass jede Pfütze, in die wir treten, im Grunde wichtiger ist, als trocken zu bleiben. Genau davor haben wir als Eltern Angst: unsere Kinder loszulassen, sie – ohne uns – durchs Leben stolpern zu lassen. Das Gefühl aushalten zu müssen, nicht mehr gebraucht zu werden. Im trockenen Auto sitzen zu bleiben und sie dabei zu beobachten, wie sie nasse Füße bekommen – und nichts dagegen tun zu können. Ihre Entscheidungen zu akzeptieren und unsere Beschützerrolle aufzugeben.

Die bessere Hälfte

Als ich von der Werkstatt zurückkomme, stehe ich an der Ampel im Stau, mitten auf der Brücke. Es ist fast ein Uhr mittags, die Sonne brennt. Es ist heiß für September, die Fenster der Autos sind weit heruntergelassen.

In der Autoschlange der Fahrbahn neben mir, genau auf gleicher Höhe, steht ein weißer Renault Twingo. Am Steuer sitzt ein junger Mann, auf dem Beifahrersitz eine junge Frau mit glatten braunen Haaren, beide um die zwanzig. Sie küssen sich, und ich starre sie bewundernd an, als würde ich den Sonnenuntergang oder den Sonnenaufgang oder einen Bergbach betrachten. Ich komme mir fast vor wie ein Spanner, aber ich kann den Blick einfach nicht abwenden. Sie küssen sich lange und leidenschaftlich. Dazwischen machen sie immer mal wieder eine Pause, und sie legt ihren Kopf auf seine Schulter, und er streichelt ihr übers Haar. Dann nimmt sie seinen Kopf wieder zwischen die Hände, fast schon fordernd, und sie beginnen von Neuem. Ein wunderschönes Bild. Ich betrachte die beiden und denke daran, wie es gewesen ist, als man sich einfach nur küsste und es keine Probleme gab: Geld, Kredite, Job – als all das keine Rolle spielte. Als Verantwortung nur ein Wort war. Als nur das Leben und der Genuss zählten, sonst nichts. Irgendwann hupte es in der Nähe. Sie löste sich von ihm, wirkte erschrocken, er drehte sich um. Ein Typ in einem Audi hinter ihnen. Es ist nicht mal seit einer halben Sekunde grün, wir stehen alle noch, aber er hupt schon. Was mag das wohl für ein Mensch sein, der zwei Küssende anhupt? Am liebsten würde ich aussteigen und ihm gehörig die Meinung sagen. Warum, zum Teufel, hast du es so eilig? Dir will ich ins Gesicht sehen können, wenn du vorbeifährst.

Plötzlich geht's auch auf meiner Spur weiter, der Typ hinter mir hupt auch. Ich mache eine vage Geste zwischen »Entschuldigung« und »Arschloch« und fahre los. Der Twingo ist etwa zwanzig Meter vor mir und blinkt nach links. Als ich wieder auf gleicher Höhe bin, schaut die junge Frau aus dem Fenster, unsere Blicke treffen sich einen Moment, und sie lächelt. Das Lächeln ist nicht für mich, aber das spielt auch keine Rolle, es ist der schönste Moment des heutigen Tages.

Als ich nach Hause komme, steht Virginia vor dem Tor, den Ranzen noch auf dem Rücken. Sie ist gerade aus der Schule gekommen. Ich steige aus dem Auto und mache ihr auf, einen Moment lang stelle ich sie mir als Zwanzigjährige vor, was mir leider ziemlich leichtfällt.

»Papa, was gibt's zu essen?«

»Ich bin auch gerade erst gekommen, was sagst du zu Spaghetti mit Thunfisch und Oliven?«

»Top, superlecker!«

Ich sehe ihr hinterher, während sie lachend ins Haus rennt, und plötzlich habe ich ein schlechtes Gewissen. Liebe junge Frau im Twingo: Der schönste Moment des heutigen Tages ist ab jetzt ein anderer.

Mobile Dining

Das Telefon klingelt. Nummer unterdrückt. Ich gehe nicht dran. Es klingelt wieder. Nummer unterdrückt. Ich gehe nicht dran. Einige Minuten vergehen. Es klingelt wieder. Eine Mailänder Nummer. Ich will eigentlich nicht drangehen, aber da ich Bonellis Nummer nicht auswendig weiß, riskiere ich es. Vielleicht die Redaktion?

»Ja?«

»Guten Tag, wer ist denn bei Ihnen für den Einkauf zuständig?«

»Einkauf? Wie meinen Sie das?«

»Na ja, Einkauf eben.«

»Im Supermarkt, Obst, Gemüse und so weiter?«

»Genau.«

»Das bin ich.«

»Ah, guten Tag, Signora.«

»Ich bin ein Mann.«

»Entschuldigen Sie, ich wollte Sie nicht beleidigen.«

»Keine Ursache. Worum geht es denn?«

»Ja, entschuldigen Sie, Signor … Bussola, nicht wahr?«

»Ja.«

»Wir sind eine innovative Catering-Kette mit einem sensationellen Franchising-Konzept.«

»Ah.«

»Wir kontaktieren potenzielle Kunden, um ihnen unser ›Mobile Dining‹-Angebot vorzustellen.«

»›Mobile Dining‹-Angebot?«

»Lebensmittel-Lieferdienst.«

»Sie wollen mir helfen, meinen Einkauf nach Hause zu tragen? Wie für ältere Leute?«

»Nicht wirklich, Signor Bussola. Wir helfen Ihnen nicht beim Tragen, wir sorgen dafür, dass Ihr Einkauf bei Ihnen vor der Tür steht.«

»Verstehe. Nein, danke.«

»Warum nicht? Überlegen Sie mal, wie praktisch das ist. Sie arbeiten, wissen nicht, was Sie kochen sollen, und haben nichts im Kühlschrank. Sie rufen uns an oder gehen direkt auf unsere Website www.merkatering.com, registrieren sich und können dann aus den besten Produkten am Markt auswählen, wo auch immer Sie gerade sind. Wir bringen Ihnen den Einkauf dann ins Büro oder direkt nach Hause, zu der von Ihnen gewählten Uhrzeit.«

»Mal ganz davon abgesehen, dass ich kein Büro …«

»Das geht natürlich auch über das Smartphone …«

»Ich habe kein Smartpho…«

»Oder vom Festnetz aus.«

»Darf ich bitte ausreden?«

»Entschuldigen Sie.«

»Mal ganz vom Büro und dem Smartphone abgesehen, gehe ich viel zu gerne einkaufen. Es macht mir Spaß, ich gehe sonst selten aus dem Haus. Das würde ich nie an jemand anderen abgeben.«

»Verstehe. Darf ich fragen, warum?«

»Warum was?«

»Warum gehen Sie selten aus dem Haus?«

»Was geht Sie denn das an?«

»Entschuldigen Sie, ich wollte nicht indiskret sein.«

»Ich arbeite den ganzen Tag, und um drei kommen meine Kinder nach Hause.«

»Ich verstehe das Problem nicht.«

»Dann verkleiden sie mich.«

»Verkleiden?«

»Als Prinz.«

»Ah.«

»Manchmal auch als Aladin.«

»Aladin?«

»Der die Prinzessin raubt.«

»…«

»So kann ich natürlich nicht auf die Straße gehen. Ich habe es schon versucht, aber Sie werden verstehen …«

»Aber Sie gehen doch einkaufen, haben Sie gesagt.«

»Natürlich, das muss ich doch. Und ich liebe es.«

»Als Prinz verkleidet?«

»Nicht immer. Das letzte Mal war ich Mutter Gothel.«

»Mutter Gothel?«

»Die Mutter von Rapunzel.«

»Auf Wiederhören.«

Das Licht

Im Auto, auf dem Weg in den Kindergarten.

»Schau mal, Papa! Drei Eiffeltürme!«

»Das sind keine Eiffeltürme, Ginevra, das sind Strommasten.«

»Nein, Eiffeltürme!«

»Nein. Sie sehen nur so ähnlich aus. Den Eiffelturm gibt's nur einmal, und der steht in Paris.«

»Da, wo Lollo wohnt.«

»Nein, Lollo wohnt in Arbizzano. Dort steht auch ein ziemlich hoher Strommast, da hast du recht. Aber das sind keine Türme, das sind Strommasten, und die Leitungen sorgen für das Licht.«

»Das Licht?«

»Ja, wenn du in deinem Zimmer die Lampe anknipst, dann kommt das Licht von diesen Leitungen.«

Sie schaut auf die Masten.

»Da ist es!«

»Was?«

»Das Licht!«

»Nein, Ginevra, in den Leitungen sieht man das Licht nicht.«

»Aber es ist eben vorbeigegangen!«

»Echt? Und wohin ist es gegangen?«

»In mein Zimmer, weil es nicht wusste, dass ich in den Kindergarten gehe.«

»Kein Problem, ich sag ihm Bescheid, wenn ich wieder zu Hause bin.«

»Ja, und sag ihm auch, es soll so lange zu dir runter ins Arbeitszimmer gehen, damit du besser siehst.«

»Okay.«

»Aber heute Abend muss es wieder hochkommen, die Mama liest mir was vor!«

»Ich sag Bescheid.«

»Papa?«

»Ja?«

»Wieso kannst du denn mit dem Licht reden?«

»Ähm, nun ja. Als Kind hatte ich große Angst in der Dunkelheit, aber Oma und Opa wollten nicht, dass die ganze Nacht die Nachttischlampe an war. Deshalb habe ich gelernt, das Licht zu rufen.«

»Und wie hast du das gemacht?«

»Ich habe die Augen zugekniffen, mich unter die Decke gekuschelt und an etwas Schönes gedacht. Dann hatte ich keine Angst mehr, und das Licht ist gekommen.«

»Über die Leitungen?«

»Na ja, ein bisschen durch die Gedanken und ein bisschen über die Leitungen.«

»Die Gedanken machen auch Licht?«

»Ja, viel sogar. Vor allem bei Kindern.«

»Aber auch die Eiffeltürme.«

»Die auch.«

Wir sind am Kindergarten angekommen, gehen rein und setzen uns auf die Bank vor den Spinden, ich ziehe ihr die Schürze an.

»Papa, haben die Gedanken, die Licht machen, auch einen Schalter, wie meine Nachttischlampe?«

»Hmm, nicht alle, denke ich. Aber ein paar schon.«

»Und wo ist der?«

Ich sehe sie schräg von der Seite an, und sie schaut gespannt zurück, denn sie ahnt schon, was jetzt kommt.

»Hier!«, sage ich und drücke sie in die Seite, dort, wo sie besonders kitzlig ist. Sie lacht so laut, dass ich wirklich nicht weiß, an was sie gerade denkt, aber es muss ein sehr schöner Gedanke sein, denn das Licht ist so gleißend hell und warm, da kann selbst Paris nicht mithalten.

Vorurteil

Ich höre die Hunde bellen, da muss jemand am Tor stehen. Es klingelt. Ich bin gerade dabei, Zwiebeln zu schneiden und die Pastasoße zuzubereiten, aber da Paola Melania badet, weiß ich, dass ich mit Aufmachen dran bin. Die Gegensprechanlage ist schon länger kaputt, deshalb schiebe ich den Vorhang zur Seite und sondiere erst mal die Lage. Draußen steht ein farbiger junger Mann mit einer großen Tasche. Ich fürchte, dass meine Soße anbrennt, rausgehen bringt sowieso nichts, ich weiß schon jetzt, wie es ausgehen wird. Ich werde sagen: »Ich brauche nichts, danke«, und kaufe ihm dann doch ein Päckchen Taschentücher für fünf Euro ab. Aber ich überwinde meine Unlust, ich muss wenigstens fragen, was er will. Vorher schaue ich noch nach, ob ich auch fünf Euro in der Tasche habe. Dann gehe ich runter ans Tor. Der Mann lächelt mich an und grüßt, ich grüße zurück. »Entschuldigung, haben Sie bitte etwas Wasser für mich?«, fragt er und hält mir eine leere Plastikflasche hin. Ich fühle mich scheiße. »Klar«, sage ich. Ich nehme die Flasche, fülle sie in der Küche auf, hole eine Flasche Mineralwasser aus dem Kühlschrank und bringe sie ihm beide ans Tor. Er scheint nicht ganz zu verstehen. »Nehmen Sie die auch mit, die ist kühler.« Er lächelt überrascht, bedankt sich und geht. Die Soße ist kein bisschen angebrannt.

Um vier Uhr nachmittags

Was ich an Kindern so großartig finde? Sie tun, was sie sagen. Und umgekehrt.

Bei Kindern gibt's keine leeren Drohungen, und sie machen nur selten Versprechungen, aber wenn sie es tun, halten sie sich auch dran. Wenn dir ein Kind etwas sagt und dir dabei in die Augen schaut, kannst du sicher sein, dass es stimmt. Für das Kind jedenfalls. Wenn Ginevra mich zum Beispiel voller Wut anblickt und zu mir sagt: »Ich male nie wieder etwas für dich!«, dann meint sie es in dem Moment auch so. Was sie nicht weiß, ist, dass sie mir jedes Mal, wenn sie so etwas sagt, mein empfindliches Vaterherz bricht. Zum Glück passiert es nicht oft, und sie hat auch die Macht, es blitzschnell wieder zu kitten.

Heute zum Beispiel hatten wir Streit, als ich sie für die Vorschule fertig machen wollte. Aber dieses Mal schwieg sie. Nachdem ich ihr die Schürze angezogen hatte und nach unten gegangen war, um mich am Fenster von ihr zu verabschieden, winkte sie mich noch einmal heran. Sie sagte etwas, das ich durch das geschlossene Fenster nicht verstehen konnte, aber als ich ganz dicht vor der Scheibe stand, konnte ich ihr die Worte von den Lippen ablesen: »Papa, heute male ich auch was für dich.«

Und so naiv es vielleicht klingt, aber ich kann es kaum erwarten, bis ich sie um vier wieder abholen kann.

Der Zeitschriftenhändler

»Na, Signor Matteo, gibt's was Neues?«

Das macht der Mann im Laden immer. Ich verfluche den Tag, an dem ich die Bemerkung fallen gelassen habe, »Dieser Comic ist von mir«.

»Wie, von Ihnen?«

»Ich habe ihn gemacht.«

»Wie gemacht? Gezeichnet? Wie kann man nur so klein zeichnen?« Und dann kam der übliche Fragenkatalog. »Bekommen Sie dafür Geld?« – »Ach, Sie machen das mit der Hand?« – »Schreiben Sie erst die Sprechblasen, oder zeichnen Sie erst?« Hier noch mal für alle zum Mitschreiben: Die Sprechblasen, also die Wolken, haben mit den Texten nichts zu tun. Die Texte werden vorher geschrieben und erst am Ende in die Sprechblasen gesetzt, usw., usw.

Ich hatte wiederholt angekündigt, dass in Kürze »Lukas« und »Die Waisen« erscheinen würden, und ihn mit Mühe davon abhalten können, sie neben »Das lustige Taschenbuch« zu stellen. Gestern habe ich ihn darüber informiert, dass in den nächsten Wochen »Adam Strange«, der neue Bonelli-Comic, der in Afrika spielt, auf den Markt kommt.

Heute bin ich wieder da.

»Da ist er!«, höre ich ihn sagen, sowie ich einen Fuß in den Laden gesetzt habe. »Signor Matteo, da ist ein Kunde, der ›Zagor‹ liest!«, fügt er triumphierend hinzu. Als ob das eine Sensation wäre.

»Ah«, sage ich, »gut.«

Ich schaue mir den Typen näher an. Um die fünfzig, gut gekleidet, kräftige Statur. Seine Hände sind riesig.

»Welchen machen Sie?«, fragt er unvermittelt.

Ich bin überfordert: »Wie bitte?«

»Von ›Zagor‹.«

»Ach so, nein, nein. Ich zeichne nicht für ›Zagor‹. Ich zeichne für eine Reihe, die ›Adam Strange‹ heißt.«

»Ach so, der, ich habe die Werbung gesehen, diese Afrika-Geschichte.«

»Genau die.«

»Und welche Bände machen Sie?«

»Nun ja, ich arbeite gerade an zweien gleichzeitig. Ich koloriere die Nummer elf und zeichne die komplette Nummer zwanzig.«

Er sieht mich an, als ob ihm gerade ein Licht aufgegangen wäre. Ich weiß, was jetzt kommen wird.

»Es ist doch noch nicht mal Nummer eins erschienen«, sagt er, »wie wollen Sie denn jetzt schon die Nummer zwanzig zeichnen? Wissen Sie etwa schon, wie es weitergeht?«

Ich versuche, ruhig zu bleiben.

»Er weiß immer alles schon im Voraus«, schaltet sich der Zeitschriftenhändler stolz ein.

»Es ist in der Tat so, dass mehrere Folgen mit langem Vorlauf produziert werden, für ›Adam‹ zum Beispiel wird gerade an vierundzwanzig Bänden gearbeitet, das ist ganz normal. Bei ›Zagor‹ ist das auch so«, erkläre ich.

»Wie meinen Sie das?«

»Auch die Zeichner wechseln sich ab, die Bände sind oft Jahre vor der Veröffentlichung fertig.«

»Na ja, Jahre …«, wiederholt er skeptisch.

»Jahre«, bestätige ich.

»Auch die Cover?«

»Auch die.«

»Sehen Sie? Ich habe Ihnen doch gesagt, der weiß alles!«, freut sich der Zeitschriftenhändler. »Und wann kommt Ihr Band von ›Zagor‹ raus, Signor Matteo?«

Die beiden sehen mich gespannt an. Ich bleibe ganz locker, denn ich weiß genau, was als Nächstes passieren wird.

»Zeichnen Sie etwas für mich?«, fragt der Kunde. Einfach so. Um acht Uhr morgens. Als ob ich einen Aufkleber auf der Stirn hätte: »Münze hier einwerfen«. Er wirft natürlich KEINE Münze ein.

»Ähm, ich stehe im Halteverbot, den richtigen Stift habe ich auch nicht dabei«, dabei ignoriere ich den Griff des Zeitschriftenhändlers nach dem Kästchen mit den Kulis. »Und ich muss die Mädchen in die Schule bringen. Ich zeichne Ihnen zu Hause was und bringe das Bild morgen oder übermorgen mit, okay? Wenn ich Sie nicht treffe, dann lasse ich es bei ihm«, ich deute auf den Zeitschriftenhändler, der mindestens zwanzig Kulis in der Hand hält.

»Prima, danke.«

»Welches Motiv?«

Er sieht mich an, als käme ich von einem anderen Stern.

»Zagor!«

»Äh ja … aber ›Zagor‹ zeichne ich nicht …«

Die beiden starren mich ungläubig an.

»Okay, Zagor.«

»Zagor in Afrika.«

Ich denke mir: Was bildet der sich eigentlich ein?, sage aber nichts.

»Alles klar, Zagor in Afrika. Ich muss los, bis bald, ciao!«

Ich verlasse den Laden.

»Signor Matteo!«, ich höre den Zeitschriftenhändler rufen, als ich gerade die Autotür öffne.

»Was denn?«

»Machen Sie mir auch eine?«

»Wie bitte?«

»Eine Zeichnung!«

»Aber nicht bis morgen.«

»Aber nein, neeeiiiiin, in aller Ruhe. Samstag reicht.«

Ich spüre, wie es in mir zu brodeln beginnt. Äußerlich lächele ich.

»Und was soll drauf sein?«, ich bereite mich auf das Schlimmste vor.

»Canon.«

»Conan?«

»Ja, ›Canon der Barbar‹«, präzisiert er mit einem »Der-hat-aber-wirklich-überhaupt-keine-Ahnung«-Gesichtsausdruck.

»Canon«, wiederhole ich und kann meine Tränen gerade noch zurückhalten. »Kein Problem.«

»In Afrika«, fügt er hinzu.

»Canon der Barbar in Afrika, okay, ciao.«

»Ciao!«

Jetzt habe ich zwei Möglichkeiten.

1. Ich kaufe meine Zeitungen zukünftig woanders und schleiche mich wie ein Ninja an diesem Laden vorbei.
2. Ich gehe am Samstag wieder hin und bringe ihm eine Zeichnung von einem Fotokopierer in der Savanne mit. Und obendrauf einem Leoparden.

Brief an meine heranwachsende Tochter

Liebe Virginia,

ich schreibe dir, weil ich dich manchmal beobachte, während du dich für die Schule fertig machst. Heute Morgen war wieder so ein Moment. Deine rote Mütze passt so wunderbar zu deinen strahlenden Augen, aber dein Ranzen ist wie immer zu schwer, und auf deinem Pausenbrot ist auch nie das drauf, was du willst. Da muss ich dich einfach in die Arme nehmen und würde dich am liebsten nie wieder loslassen.

Du leidest unter dem unabwendbaren Schicksal, die Älteste zu sein, aber offensichtlich scheint es dir nichts auszumachen. Du musst immer die Tapferste und die Ordentlichste sein und darfst dich nicht wehren, wenn dir deine jüngeren Schwestern etwas wegnehmen. Bei mir war das auch so, weißt du? Aber glaub mir, auch die Zweitgeborenen und die Jüngsten haben es nicht leicht. Doch sagen wir es mal so: Da auch ich der Erstgeborene bin, weiß ich genau, wie du dich fühlst. Du bist die Basis der Familie. Ohne dich wären deine Mutter und ich vielleicht nicht mehr zusammen, wäre unsere Beziehung vielleicht an unserer Verschiedenheit zerbrochen. Aber du hast uns die Möglichkeit gegeben, diese Gegensätze als Chance zu sehen und zusammenzubleiben. Auch wenn du es nicht wissen kannst: Du bist verantwortlich für all das, was nach deiner Geburt kam. Deine beiden Schwestern, dieses Haus, die Kraft, die ich heute in mir spüre, all das verdanke ich vor allem dir. Anders ausgedrückt, deine Mutter und ich sind starke Persönlichkeiten und manchmal sehr eigenwillig, doch du hast aus uns ein Team gemacht.

Du bist ein hübsches Mädchen. Diese Tatsache wird dir eines Tages Schwierigkeiten machen. Und mir auch. Denn ich weiß, dass Schönheit vor nichts schützt. Nicht vor der Oberflächlichkeit der Menschen, nicht vor dem Schmerz, nicht vor Enttäuschungen und Niederlagen, und das mit ansehen zu müssen, wird für mich nicht leicht werden. Viele denken, Schönheit sei eine Art Schutzschirm, doch in Wahrheit ist sie das Gegenteil, sie ist eine Hülle, in der man manchmal keine Luft bekommt. Ich hoffe, dass das bei dir anders sein wird. Aber falls es doch passiert, sollst du wissen, dass ich da sein werde, um Löcher in diese Hülle zu bohren.

Zu allem Überfluss bist du auch noch intelligent, empathisch und sensibel. Und das wird dir das Leben noch schwerer machen.

Eines ist für mich klar: Wenn du Comics zeichnen willst, zeichnest du Comics, wenn du Harfe spielen willst, spielst du Harfe. Deine Mutter und ich werden uns bemühen, dich nie zu etwas zu zwingen. Du sollst tun und lassen können, was du willst. Im Gegenzug verlange ich von dir, dass du deine Stärken auch nutzt. Dir das zu vermitteln, ist meine Aufgabe als Vater.

Dieser Brief ist mir nicht peinlich, und meine Gefühle sind es erst recht nicht. Dieses Blatt Papier wird bleiben. Und wenn später mal alles digitalisiert sein wird, vielleicht sogar die Liebe, dann wird es für dich hoffentlich hilfreich sein, meinen Brief in Garamond-Schrift Größe 12 zwischen zwei Seiten eines Buches wiederzufinden. Nur für dich.

Alles andere weißt du, das schreibe ich nicht. Ich bemühe mich, dass du alles andere jeden Tag spüren kannst.

Der Kuss

Ich hole Melania vom Kindergarten ab. Ihr Gesicht strahlt, als sie mich sieht, dann rennt sie auf mich zu, als käme ich gerade noch rechtzeitig, um sie vor einer Katastrophe zu retten. Sie ist überrascht, denn normalerweise kommt mittags die Mama, um sie abzuholen.

Wir holen ihre Jacke aus dem Spind, ziehen die Schuhe an, räumen die Hausschuhe weg und gehen. Am Fuß der Treppe sitzt ein blonder Junge und weint bitterlich. Er ist noch jünger als Melania, vielleicht anderthalb. Die Mutter des Kleinen versucht ihn mit einem »Warte-ich-nehme-dich-auf-den-Arm«-Blick zu trösten, doch sie hat schon ein Baby auf dem Arm und zieht einen Buggy hinter sich her. Melania geht auf den Jungen zu und umarmt ihn, dann gibt sie ihm ein Küsschen auf die Wange. Er hört schlagartig auf zu weinen, als ob man einen Schalter umgelegt hätte. Die Mutter und ich sehen uns an, mein Blick sagt »Tut mir leid«, denn Melania ist ein bisschen erkältet, und man weiß nie, wie Mütter reagieren, diese allerdings sagt mit ihrem Blick »Danke«.

»Schau mal, wie nett von ihr, Denis!«, sagt sie. »Gib ihr auch einen Kuss.«

Der Junge fixiert meine Tochter, meine Tochter starrt zurück. Er beugt sich vor, nimmt ihren Kopf zwischen die Hände, reißt den Mund auf wie ein Hai und kommt Melania gefährlich nahe. Das scheint ihr gar nicht zu gefallen, sie schubst ihn weg. Der Kleine plumpst auf den Po und beginnt wieder zu weinen, dieses Mal noch lauter. Die Mama wirft mir einen »Na-ja-deine-Tochter-macht-ihm-erst-Angebote-und-zieht-dann-doch-zurück!«-Blick zu. Mein Blick dagegen sagt: »Ja, aber wenn einem jemand den kleinen Finger gibt, darf man ja auch nicht gleich die ganze Hand nehmen.«

Melania gibt mir zu verstehen, dass sie genug hat. Wir verabschieden uns und gehen, während Denis ihr nachschaut wie ein Kater, dem gerade ein Spatz durch die Lappen gegangen ist.

Als ich sie im Kindersitz festschnalle, sage ich: »Melania, lass das besser mit den Küssen.« Sie sieht mich mit großen Augen an, dann fängt sie an zu lachen und bedeckt mein Gesicht vom Kinn bis zur Stirn mit Küssen. Ich lache auch und wische mir mit dem Pulloverärmel die Spucke ab. Als ich mich umdrehe, trifft mich der hasserfüllte Blick des blonden Jungen, der über die Schulter seiner Mutter schaut. Der Blick sagt: »Lach du nur, du alter Depp. Warten wir mal dreizehn Jahre ab, dann lache ich.«

Auf der Rückfahrt singt Melania aus Leibeskräften »Bruder Jakob«.

Ich habe dagegen »Highway to Hell« im Kopf, und mir fällt ein, dass ich beim Eisenwarenhändler Stacheldraht im Angebot gesehen habe.

Der Mantel

Letzte Nacht hatte ich einen Albtraum, der diffuse Angstgefühle in mir hinterließ. Der unruhige und viel zu kurze Schlaf sorgte dafür, dass mich der Gedanke, aufzustehen, nicht gerade mit Begeisterung erfüllte, aber ich wusste auch, dass ich keine Hoffnung hatte, liegen bleiben zu können. Ich versuchte es mit Arbeit, denn meist ist der Stift in der Hand die beste Therapie gegen Grübeleien. Heute jedoch funktionierte das nicht. Um sieben ging ich wieder nach oben, machte Frühstück und weckte die Mädchen. Ginevra war erkältet, sie würde besser zu Hause bleiben. Paola kümmerte sich um Virginias Zöpfe, dann ging sie wieder ins Bett, da sie bis spät in der Nacht gearbeitet hatte. Ich machte mir einen zweiten Kaffee, die Angst war noch nicht verschwunden, und mit Ginevra stimmte etwas nicht.

»Was ist los, Ginevra?«, fragte ich.

»Ich bin sauer auf dich«, sagte sie.

»Warum?«

»Du hast mir mein Brötchen auseinandergeklappt. Das wollte ich machen!«

»Entschuldige, morgen denke ich dran.«

»Das machst du immer! Erst tust du was, und dann entschuldigst du dich dafür.«

Der Satz traf mich wie eine Ohrfeige, genau das warf Paola mir auch oft vor. Wenn sie wütend wird, zugegeben meist zu Recht, dann sagt sie, nachdem ich mich entschuldigt habe: »Ja, aber den Ärger habe ich trotzdem gehabt.« Das stimmt. Wenn du den Ärger schon hattest, dann helfen Entschuldigungen hinterher auch nicht viel, man lernt nur, achtsamer zu sein. Ich habe Jahre gebraucht, um zu lernen, mich zu entschuldigen. Deshalb denke ich oft, dass meine Bemühungen, mich zu entschuldigen, mein Fehlverhalten ausgleichen. Aber das funktioniert so nicht.

Ich gab Ginevra einen Kuss auf den Kopf und brachte Melania in den Kindergarten.

Als wir ankamen, trafen wir bei den Spinden auf ein anderes Kind. Es hatte Verstecken gespielt und war von den Spielkameraden nicht gefunden worden. Ich brachte beide in den Gruppenraum. Dann fuhr ich zur Vorschule und gab ein Buch zurück, das Ginevra ausgeliehen hatte. Das Gebäude zu verlassen, ohne ihr zuzuwinken, ohne sie am Fenster hopsen und lachen zu sehen, war ein merkwürdiges Gefühl, als hätte man mir etwas Wichtiges weggenommen.

Ich ging zum Auto. Im Hof gegenüber fütterte eine alte Frau eine Schar Katzen. Sie war noch im Nachthemd und hatte eine zu kleine Wollmütze auf dem Kopf. Da kam ein junger Mann aus dem Haus und legte ihr behutsam einen beigefarbenen Mantel um die Schultern. Die Frau fütterte weiter die Katzen, und er packte sie in den Mantel ein, als wäre sie ein Kind.

Ich konnte den Blick nicht von dieser Szene lösen und spürte die tiefe Dankbarkeit des jungen Mannes. Als ich wieder ins Auto stieg, war die Angst verschwunden.

Canon

Da ich leider zu den Menschen gehöre, die ihr Wort halten, und zwar immer, bringe ich heute dem Zeitschriftenhändler die versprochene Zeichnung.

Als er mich sieht, hellt sich sein Gesicht auf, als hätte man eine Lampe angeknipst.

»Signor Matteo! ›Dylan Dog‹, ›Ken Parker‹ und ›Burberry‹ sind da!«

Letzteren kenne ich nicht, aber es muss irgendein Bösewicht sein.

»Ja, ich weiß, aber ich wollte Ihnen das Bild bringen.«

»Super!«

Ich halte ihm das Blatt hin, er nimmt es und faltet es auseinander. Auf dem Blatt prangt Conan der Barbar in Afrika. Da ich sowieso nichts dafür bekomme, habe ich in aller Eile einfach Buscemas Conan kopiert. Schamlos. Ohne Gewissensbisse. Und ich habe sogar eine Widmung daruntergeschrieben: »Canon für Renato. In Freundschaft«. Um ihn nicht zu verunsichern, habe ich bewusst den falschen Namen stehen lassen.

Verblüfft betrachtet er die Zeichnung. Er macht ein Gesicht, als würde er die Bauanleitung für ein IKEA-Möbelstück auf Schwedisch lesen.

»Stimmt was nicht?«

»Nein, nein, die Zeichnung ist perfekt. Aber der Name stimmt nicht.«

Ach, endlich hat er kapiert, dass es nicht Canon, sondern Conan heißen muss. Man sollte die Menschen nicht unterschätzen.

»Ich heiße Rinaldo, nicht Renato.«

Der Besuch

Heute kommt meine Mutter zu Besuch. Und wie jedes Mal, wenn sie kommt, und sei es nur auf einen Kaffee, bricht bei uns Panik aus, entweder Alarmstufe eins oder zwei, je nachdem, wie lange im Voraus sie ihren Besuch ankündigt. Wenn ich es drei Tage vorher weiß, putze ich den Herd blitzblank, mit Zitrusduft-Hochglanzscheuermilch, versteht sich. Habe ich weniger als zwölf Stunden Zeit, wähle ich die radikale Variante: Desinfektionsmittel und Stahlbürste. Der Bügelwäscheberg, den ich liebevoll Methusalem nenne, weil er seit ewigen Zeiten das Wohnzimmer schmückt, ist in die Abstellkammer umgesiedelt. Allerdings habe ich ihn vorher genau untersucht, nicht dass aus Versehen noch ein Kind drinsteckt. Oder das vermisste Päckchen mit den Schinkenwürfeln, das sich schließlich in der Tasche meiner frisch gewaschenen Strickjacke wiederfindet. Ich wische kurz durchs Bad, sperre Garrett und Cordelia in den Keller, weil meine Mutter Angst vor Hunden hat, und bahne ihr einen Zugang durch Gestrüpp, Laubberge und Hundehaufen ins Haus. Doch jedes Mal vergisst meine Mutter etwas im Auto, geht zurück und nimmt dann den falschen Weg, mit dem Risiko, im Dschungel einem Wildschwein zu begegnen.

Warum verbergen wir vor manchen Menschen, wer wir wirklich sind, wie wir wirklich leben? Und absurderweise sind es meist die Menschen, die wir lieben. Auch wenn man schon viele Jahre weit weg vom Elternhaus wohnt, bleibt man doch

Kind. Und auch die Erwartungen bleiben. Ich habe immer noch Angst, meine Eltern zu enttäuschen, selbst als Erwachsener. Andererseits bin ich selbst Vater, mit der Verpflichtung, meine Kinder zu erziehen und mich gut um sie zu kümmern. Genau wie bei meinen Eltern habe ich auch bei meinen Kindern Angst, sie zu enttäuschen. Ich stecke wie eine Scheibe Käse zwischen zwei Scheiben Toast fest, im Klammergriff zwischen Schuldgefühl und Schuldgefühl. Und wie schön wäre es, wenn wir statt Schuld etwas Versöhnlicheres empfinden würden. Das Gute und Schöne sehen und weitergeben, und nicht so sehr darauf achten, was wir leisten können und was nicht. Denn das Problem ist ja nicht, dass wir die Bügelwäsche oder das Unkraut im Garten verstecken, sondern dass wir nicht zugeben wollen, dass auch Bügelwäsche und Unkraut zu unserem Leben gehören. Wir sollten nicht nach Perfektion streben, sondern versuchen, allen Schwierigkeiten und Risiken zum Trotz das Leben so zu nehmen, wie es ist. Der dreckige Herd, der Laubberg oder die Bügelwäsche sagen in Wirklichkeit viel mehr über uns aus als alles andere. Und zwar nicht, dass wir Chaoten sind, sondern dass wir leben, Tag für Tag. Und darauf sollten wir stolz sein.

Heute kommt meine Mutter.

Ich hole sie am Tor ab, mache ihr auf unserem Herd mit den Tomatensoßespritzern einen Kaffee, biete ihr einen Platz auf dem Sofa an, und zwar auf einem meiner Pullis, die noch zusammengelegt werden müssen, allerdings auf dem kuschligsten. Ich halte lächelnd ihrem vorwurfsvollen Blick stand, und es gelingt mir, das Liebevolle dahinter zu sehen, das ich so gut kenne, denn ich bin ihr Sohn. Mehr brauchen wir nicht.

Dreihundertsiebenundvierzig

Gestern habe ich mit einer Freundin darüber diskutiert, dass es in der Liebe letztendlich immer darum geht, Distanz zu überwinden.

Wenn die Distanz klein ist, reicht eine Brücke, wenn sie größer ist, muss einer der beiden den beschwerlicheren Weg gehen. Denn in jeder Beziehung gibt es einen, der einen weiteren Weg auf sich nimmt als der andere, der bereitwilliger, mutiger und risikobereiter ist und sich auf das unbekannte und gefährliche Terrain des anderen begibt. Das ist der Grund, warum es früher oder später oft zur Trennung kommt. Und dann ist es zu spät, auch wenn man sich noch so bemüht. Man kann die Distanz nicht mehr überwinden. Die beste Voraussetzung für die Liebe ist, aufeinander zuzugehen, selbst wenn die Distanz so groß ist, dass man sich gar nicht sehen kann. Sich erst einmal zu beschnuppern. Um sich dann in der Mitte zu treffen, als ob man schon immer dort gewesen wäre, an einem Punkt, an dem eins und eins nicht zwangsläufig zwei ergeben muss, sondern auch dreihundertsiebenundvierzig. Denn Liebe ist keine Mathematik, sondern eher, als würde man einen Stein ins Wasser werfen. Wenn man jemanden trifft, der einem gefällt, wirft man den Stein und bleibt stehen, um die sich ausbreitenden Kreise zu zählen, wobei es natürlich auch sein kann, dass die Wasseroberfläche glatt bleibt. Manchmal sind die Kreise unregelmäßig und diffus, manchmal aber auch ausgewogen und zielorientiert. Es kann aber auch sein, dass die Kreise anfangs nicht wissen, wo sie hinwollen, zum Stillstand kommen und wieder von vorne beginnen. In diesem Fall breiten sich die Kreise nicht nur auf der Wasseroberfläche, sondern auch in der Tiefe aus. Das zeigt, dass die Liebe nicht nur Distanzen überwinden, sondern auch in der Tiefe zu spüren sein muss. Die Liebe ist wie ein Bild, das ganz allmählich entsteht, wie ein Foto, das in der Dunkelkammer langsam Konturen annimmt. Und dieses Bild können nur wenige enthüllen, auch vor sich selbst. Warum es die einen können und die anderen nicht? Das weiß niemand. Die richtige Antwort ist dreihundertsiebenundvierzig. Oder Liebe.

Die Ohren

Im Auto, auf dem Weg in den Kindergarten.

»Papa, warum haben wir Ohren?«

»Damit wir hören können, Ginevra.«

»Aber wozu?«

»Damit die Mamas und Papas hören können, wenn ihre Kinder weinen.«

Ich betrachte sie im Rückspiegel. Sie sieht aus dem Fenster.

»Papa.«

»Ja?«

»Aber sie hören auch, wenn sie lachen.«

Ich lächele, denn ihre Erklärung ist so viel schöner als meine.

»Ja, vor allem das.«

Wenn mir meine Tochter im Auto die Welt erklärt, bin ich hinterher immer schlauer. Und deshalb habe ich Ohren.

Die Träume der Kinder

Ich gehe zum Schreibwarenladen, um einen großen Umschlag zu kaufen, weil ich eine Zeichnung verschicken will.

Er ist geschlossen, also gehe ich zum nächsten. Am Tresen steht eine gut aussehende Frau und plaudert mit der Verkäuferin.

»In dem Alter sind sie eben so«, sagt die Verkäuferin.

»Gut und schön, aber sie sollten trotzdem ein Ziel haben, oder?«, sagt die Kundin.

»Entschuldigen Sie, haben Sie große gelbe, verschließbare Umschläge?«, schalte ich mich ein.

»Ja, dort hinten in der Kiste, sehen Sie doch bitte selbst nach.«

Ich beginne, nach den passenden Umschlägen zu suchen.

»Und dann glauben sie auch noch, sie werden ein berühmter Superstar, wie Beyoncé. Dabei weiß man doch, dass man damit nichts verdient.«

»Ja, meiner hatte auch solche Rosinen im Kopf. Mit fünfzehn wollte er Schauspieler werden, dann sang er in einer Rockband. Ich habe ihn gezwungen, die Schule fertig zu machen, und jetzt arbeitet er hier bei mir im Laden.«

»Eine vernünftige Entscheidung«, stimmt die Kundin zu, »in diesen Zeiten muss man was Handfestes haben. Bei uns lief es genauso, mein Mann ist hart geblieben, und unser Sohn musste auf dem Gymnasium bleiben.«

Beim Wort »Gymnasium« habe ich ein Déjà-vu. Ich fühle mich ins Jahr 1985 zurückversetzt, ich stehe im Wohnzimmer, im Hintergrund läuft Disco-Musik, und mein Vater hat mir gerade erklärt, warum ich nicht auf das Kunstgymnasium gehen kann. Ich finde den passenden Umschlag und gehe zur Kasse. Die Kundin tritt einen Schritt zur Seite und zieht ein hellgrünes Smartphone aus der Tasche.

»Wie geht's?«, fragt die Verkäuferin.

»Gut, danke«, sage ich, überrascht von der Frage.

»Ich kenne Sie doch« fährt sie fort, »können Sie mir mal sagen, warum die hier vor meinem Laden eine Ampel installiert haben, die nie funktioniert?«

»Ich arbeite schon lange nicht mehr bei der Stadtverwaltung, Signora«, erwidere ich.

»Jaja, weiß ich, aber Sie kennen sich doch aus.«

»Ich sehe, was ich tun kann.«

»Und was machen Sie jetzt?«, fragt sie und quetscht den Umschlag in eine zu kleine Tüte.

»Wie meinen Sie das?«

»Wo arbeiten Sie?«

Ich denke einen Moment nach, schaue zu der Kundin, die auf ihrem Smartphone herumtippt, dann sage ich: »Ich bin Musicaldarsteller.«

»Ach, wirklich?«, fragt die Verkäuferin. »Und wo?«

Die Kundin hebt den Kopf.

»Hier und da«, sage ich, »vor allem privat.«

»Privat?«

»Ja.«

»Tatsächlich?«, schaltet sich die Kundin ein. »Was meinen Sie mit ›privat‹? Gehen Sie von Tür zu Tür? Und was singen Sie dann da?«

»Nun ja, genauer gesagt ist es so, dass ich die Leute beschimpfe.«

»Wie beschimpfen?«

»Na ja, beschimpfen, aber eben privat, bei ihnen zu Hause. Gar nicht so einfach.«

»Wie … ?«

»In der Praxis läuft das so ab: Ich werde von Leuten kontaktiert, die mit jemandem Schwierigkeiten oder noch eine Rechnung offen haben. Sie geben mir die Adresse der betreffenden Person, und ich tauche dort auf, als John Wayne, als Superman oder als Rapunzel verkleidet, manchmal auch in Zivil. Als Hintergrundmusik lasse ich eine CD laufen und fange an, sie zu beschimpfen.«

»Aber«, die Kundin lacht jetzt, »das ist doch nicht wahr, oder? Was soll das denn für ein Job sein? Gibt es wirklich Leute, die Sie für so etwas buchen?«

»Natürlich. Sitzen gelassene Verlobte, Ex-Ehemänner, politische Gegner, entlassene Arbeiter. Aber meistens kontaktieren mich erwachsene Kinder, die früher von ihren Eltern unter Druck gesetzt worden sind.«

»Kinder?«, fragt die Verkäuferin.

»Genau. Ach übrigens, haben Sie einen CD-Player?«

»Äh, nein«, sagt die Verkäuferin.

»Macht nichts, dann bringe ich einen mit.«

Warum die Welt existiert

Virginia und ich sind in der Küche und frühstücken.

»Papa, warum gibt es die Welt eigentlich?«

»Was?«

»Warum wurde das Weltall erfunden?«

»Wie meinst du das?«

»Es hätte ja auch alles nur eine große weiße Pampe sein können oder eine riesige Küchenschabe, die durch die Gegend fliegt.«

»Ach, du liebe Güte, Virginia. Keine Ahnung. Aber vielleicht wäre das gar nicht so schlecht.«

»Warum?«

»Weil wir Menschen der Welt schon viel Böses angetan haben. Die Küchenschaben nicht.«

»Ist die Welt deshalb wütend auf uns?«

»Wütend vielleicht nicht, aber sehr sympathisch sind wir ihr bestimmt auch nicht.«

»Und können wir uns nicht bei ihr entschuldigen?«

»Hin und wieder versucht das jemand, aber es sind immer zu wenige. Und viele wissen auch gar nicht, wie das geht.«

»Warum?«

»Weil man erst einmal einsehen muss, dass man einen Fehler gemacht hat, um sich zu entschuldigen. Und häufig vergisst man bei seiner Entschuldigung das Wichtigste. Es gab mal einen Mann, der hieß Randy Pausch, der meinte, dass eine richtige Entschuldigung aus drei Teilen besteht: Es tut mir leid. Es ist meine Schuld. Was kann ich tun, um es wiedergutzumachen? Und die meisten Leute vergessen den dritten Teil.«

»Auch mit der Welt?«

»Vor allem mit der Welt.«

Wir ziehen die Mäntel an, und ich bringe sie zum Schulbus. Sie ist nachdenklich und auch ein bisschen traurig.

»Papa.«

»Ja.«

»Ich habe mein Technikheft vergessen.«

»Und das sagst du mir erst jetzt? Brauchst du es heute?«

»Ja.«

»Also gut. Du sagst als Erstes der Lehrerin Bescheid, und dann machst du die Aufgaben auf einem losen Blatt Papier, das wir später in dein Technikheft kleben.«

»Es tut mir leid. Es ist meine Schuld.«

»Aha. Und was noch?«

»Mein Spitzer ist auch weg.«

Lucca Comics

Paola und ich wollen morgen ganz früh losfahren. Das nehmen wir uns jedes Jahr vor, doch vor elf schaffen wir es nie. Bevor wir endgültig in Richtung Comic-Festival aufbrechen, gibt es noch einiges zu tun. Als Erstes müssen wir die Mädchen wecken, ihnen beim Anziehen helfen, Frühstück machen, ich muss mich rasieren, alle Fenster schließen, die Koffer ins Auto hieven, Melania noch mal die Windel wechseln, das Gas abdrehen und auf den Typen von der Hundepension warten. Und es gibt Fragen zu beantworten und Entscheidungen zu treffen: Notebook, ja oder nein? Wo ist meine Brille? Wer hat eigentlich die Crackertüte aufgemacht? Habe ich die Zahnbürsten eingepackt? Erst dann machen wir uns auf den Weg.

⇒ Etappe eins. Schule. Die Große hat leider ihre Bücher unter der Bank liegen lassen, die sie für ihre Hausaufgaben in den nächsten Tagen braucht.

⇒ Etappe zwei. Tankstelle. Ich kontrolliere Reifendruck, Wischwasser, Ölstand. Guck mal, ein süßer Wunderbaum. Papa, ich muss Pipi.

⇒ Etappe drei. Oma und Opa Bussola. Ginevra abliefern. Den Kaffee meiner Mutter überleben, das »Wie geht's mit der Arbeit?« meines Vaters, und nicht zu vergessen der herzzerreißende Abschied von Tochter Nummer zwei, die immer alles gibt.

⇒ Etappe vier. Oma und Opa Barbato. Im Häuschen am See geben wir die Große und das brüllende Nesthäkchen ab. Ich überlebe den Kaffee von Paolas Vater und Virginias Umarmungen, die bei solchen Gelegenheiten immer den »Schwefelhölzermädchen-Blick« aufsetzt, nachdem es in der Silvesternacht sein letztes Streichholz verkauft hat. Ich löse mich von Melanias Wange, die auf meiner Schulter ein Tränenmeer hinterlassen hat. Ich muss zum Auto zurück: »Die Mützen liegen noch auf dem Rücksitz.«

⇒ Etappe fünf. Paolas Lieblingsraststätte. Wir verpassen sie jedes Mal, weil wir überzeugt sind, dass es die nächste ist, und landen stattdessen in einer Bruchbude neben der Autobahn und würgen ein matschiges Brötchen hinunter.

⇒ Etappe sechs. Auf der Autobahn. Nach dem Brötchen-Desaster sage ich, wie jedes Mal: »Das Schlimmste ist überstanden, dieses Mal läuft es gut« und bei »gut« fahre ich in den Achtundfünfzig-Kilometer-Stau bis Viareggio.

⇒ Etappe sieben. La Spezia. »Ich habe doch gesagt, du musst links abbiegen.«

Wenn alles gut läuft, sind wir gegen achtzehn Uhr in Lucca. Ich lege meine Hemden, Pullis und Hosen ordentlich gefaltet in den Schrank, Paola stülpt ihren Koffer einfach um und wirft alles aufs Bett. Erster Anruf der Barbatos, sie klingen optimistisch. Kurze Zeit später der zweite. Sie sind in Panik.

Jetzt musst du dich entscheiden, so wie vor dieser Weggabelung im Wald deines Lebens. Paola fragt: »Was meinst du, es ist fast sieben, sollen wir noch rasch auf die Messe?« Aber ich entscheide mich fast immer für die Alternative: Pizza aus dem Karton im Hotelzimmer, ein Klassiker auf Youtube und um zehn ins Bett. Denn das sind die einzigen drei Nächte des Jahres, wo wir ungestört bis morgens um acht schlafen können, ohne Töchter, die dich aufwecken, ohne Hunde, die

Wildschweine anbellen, und ohne Leute, die dich um fünf nach sieben anrufen, weil deine Nummer identisch ist mit der des Kinderärztlichen Notdienstes, bis auf die beiden letzten Ziffern allerdings.

Um Viertel nach zehn ruft meist meine Mutter an, um zu hören, ob wir gut angekommen sind.

Neue Schuhe

Seit zwei Wochen steht nun schon die Frage im Raum, was ich mir in diesem Jahr zum Geburtstag wünsche. Seit zwei Wochen schiebe ich die Antwort vor mir her, um Zeit zu gewinnen.

Eigentlich wünsche ich mir einen neuen Computer. Aber den können wir uns nicht leisten. Gestrichen. Diese japanischen Stifte, die ich mal auf einer Webseite gesehen habe, wären auch schön, aber im Grunde ist es mir egal, mit welchem Stift ich zeichne. Gestrichen. Ich könnte einmal pro Woche eine Putzfrau gebrauchen oder ein besseres Tablet, das mir eine Seite öffnet, ohne dass ich fünfmal draufklicken muss, und bei dem der Browser nicht abstürzt, wenn ich auf »Senden« drücke.

Eine Kiste Bier, das auf traditionelle Weise gebraut wurde wäre auch nicht zu verachten, oder eine Grafik von Neal Adams oder drei Paar Socken ohne Löcher. Vielleicht auch ein Paar neue Schuhe. Oder eine robustere Gesundheit, aber dafür ist wohl doch eher der Weihnachtsmann zuständig als Paola.

Wie soll ich erklären, dass mir alles Mögliche gefallen würde, ich aber nichts wirklich brauche? Denn alles, was ich brauche, alles, was meinem Leben Sinn gibt, all das hat Paola mir schon durch ihre pure Anwesenheit geschenkt. Deshalb ist das schönste Geburtstagsgeschenk, das ich mir vorstellen kann, ein langer leidenschaftlicher Kuss vor dem Fenster, wenn es draußen regnet und ich ihr Gesicht zwischen den Händen halte.

Ich hoffe einfach darauf, sage aber nichts.

Und damit wir auf unserem gemeinsamen Weg nicht ins Stolpern geraten, wünsche ich mir einfach ein Paar neue Schuhe.

Männerhaare

Im Auto, auf dem Weg in den Kindergarten.

»Papa, warum hast du dir die Haare schneiden lassen?«

»Weil sie zu lang waren, Ginevra. Außerdem habe ich es Oma versprochen.«

»Pfff.«

»Warum? Gefallen sie dir nicht?«

»Nein.«

»Oje! Warum denn nicht?«

»Weil du vorher wie ein Papa ausgesehen hast und jetzt wie ein Mann.«

Achtsam sein

Heute Morgen war ich im Zeitschriftenladen. Rinaldo hatte mir einen neuen Comic zur Seite gelegt, ich steckte ihn ein und beschloss, mich bei dem schönen Wetter ein paar Minuten auf eine Bank am Spielplatz zu setzen und darin zu blättern.

Wir waren nur zu dritt. Kein Wunder, es war noch nicht mal neun und ziemlich kühl. Vor meiner Bank stand ein etwa vierzigjähriger, noch recht verschlafen wirkender Mann, der ein Mädchen auf der Schaukel anschubste. Vielleicht seine Tochter? Das etwa vierjährige Kind hatte zerzauste lange Haare und trug einen veilchenblauen Anorak und einen viel zu langen Schal. Ich dachte unwillkürlich an Ginevra und wie ich sie auf der Schaukel angeschubst habe, was sie mir heute verbietet, weil sie es alleine kann. Und an Virginia, für die Schaukeln schon immer langweilig war und die lieber auf Bäume kletterte. Und an Melania, die das Schaukeln erst seit Kurzem für sich entdeckt hat. Wenn sie sich mit ihren kurzen Beinchen abzustoßen versucht, sieht das ziemlich witzig aus.

Plötzlich war der Schwung zu groß, und das Mädchen kippte von der Schaukel. Noch bevor sie realisieren konnte, was passiert war, rannte der Mann zu ihr, um sie zu trösten. Vor dem Weinen. Er kniete sich ins Gras, zog sie an sich und hielt sie lange in den Armen, seine Hand auf ihrem Kopf, ihren Kopf an seiner Brust. Unbeweglich. Ich betrachtete die beiden, das schlechte Gewissen, das aus dem Blick des Mannes sprach, kannte ich nur zu gut, die Angst, im entscheidenden Moment nicht aufgepasst zu haben. Das passiert auch mir jeden Tag. Aber ich wusste auch, wie wichtig es für das Mädchen war, sich nach dem Sturz an die Brust des Vaters schmiegen zu können, wichtiger, als gar nicht erst gefallen zu sein.

Eines der Dinge, die man lernt, wenn man Vater wird, eine Art Erleuchtung vom ersten Tag an, die mit den Jahren klarer wird: Es stimmt nicht immer, dass man erntet, was man sät. Säen nutzt gar nichts, wenn man nicht bereit ist, auch für die richtige Bewässerung zu sorgen, die Schädlinge fernzuhalten, das Unkraut zu jäten und die Pflanzen anzubinden, wenn der Wind sie niedergedrückt hat. Das gilt auch für die Menschen, die man liebt. Man muss sich um sie bemühen, sich um sie kümmern, achtsam sein. Überall und zu jeder Zeit.

Du lachst immer

Melania hat Husten und hat die Nacht in unserem Bett verbracht. Quer. Die Beine auf Paola, den Oberkörper auf mir. Ich hatte mich etwas aufgerichtet, damit ihr Kopf etwas höher lag und sie besser schlafen konnte.

Ich war die ganze Zeit wach und habe ihrem Atem gelauscht, in düstere Gedanken vertieft, die wie Seifenblasen zerplatzten, wenn ich ihr über das Haar strich. Als ihre Atmung ruhig und gleichmäßig geworden war, habe ich mich langsam nach unten rutschen lassen und eine Kuhle zwischen meinem Kissen und Paolas Kopf geformt. Dann baute ich eine Barriere aus zusammengerollten Decken, damit Melania nicht aus dem Bett fallen konnte, machte mir in der Küche einen Kaffee und ging ins Arbeitszimmer. An Schlaf war nicht mehr zu denken.

Es war zwei Uhr vierzehn. Der Computer war noch an, und ich hatte fünf neue Mails im Posteingang. Ich begann zu lesen und trank meinen Kaffee. Bei der dritten Nachricht kam Cordelia herein und stupste mich mit der Schnauze, ihre Art zu sagen, dass sie rauswollte. Ich setzte mich auf das Mäuerchen unter der Tanne und atmete tief durch. Der Wald schwieg, die Luft war kühl, aber nicht kalt, in der Ferne bellte ein Hund. Als Cordelia zurückkam, stand ich auf, um wieder ins Haus zu gehen. Melania hustete noch immer. Ich ging nach oben. Dort, wo vorhin ihr Kopf gelegen hatte, waren jetzt ihre Beine. Ich nahm meine ursprüngliche Position im Bett wieder ein, deckte meine Beine und ihren Rücken mit dem Federbett zu und blieb sitzen.

Ich war gerade eingenickt, als Ginevra nach mir rief. Ich legte Melania in die Kuhle und ging zu ihr.

»Deckst du mich zu?«

»Sicher, leg dich wieder hin.«

»Weißt du, was ich geträumt habe?«, fragte sie, nachdem sie den Kopf wieder auf das Kissen gelegt hatte.

»Was denn?«

»Wir waren am Meer, und du hast gar nicht mehr mit mir geschimpft.«

»Ich schimpfe nur, wenn du Quatsch machst, so wie gestern. Spaß macht mir das keinen.«

Stille, die mir in der Dunkelheit endlos schien.

»Papa.«

»Mhm.«

»Wenn die Mama manchmal mit mir schimpft, dann habe ich immer ein bisschen Angst. Aber bei dir nicht. Du meinst es nicht ernst.«

»Aber das stimmt doch gar nicht!«, protestierte ich.

»Du musst immer lachen.«

»Weil du so ein Schlitzohr bist.«

»Papa.«

»Was?«

»Du lachst schon wieder, oder?«

»Schlaf jetzt«, sagte ich, deckte sie zu und ging aus dem Zimmer. Im Flur lauschte ich, Melania hustete nicht mehr. Ich ging wieder ins Arbeitszimmer, trank meinen inzwischen kalt gewordenen Kaffee, nahm ein Blatt und fing an zu zeichnen.

Ich arbeite jetzt seit fünf Stunden, die Mädchen sind gerade aufgewacht, und ich lächele noch immer.

Wir lieben
Bornheimer
Geschichte(n).

Wir wissen (fast)
alles über Bornheim.

Wir zeigen Ihnen
unser Bornheim.

**Bürgerverein
und Förderkreis
historisches
Bornheim e. V.**

Turmstraße 11
60385 Frankfurt
Fon (069) 49 37 78

Signor Mbokany

Ich bringe die Mädchen zur Schule, dann muss ich zum Kinderarzt, um ein Attest für Melania abzuholen.

Im Wartezimmer sind wir zu siebt. Ich sitze neben einer Frau mit Sekretärinnenbrille, die ihre lockigen Haare im Nacken zu einem Zopf zusammengebunden hat und wie eine Furie auf einem Tablet herumtippt. Vor mir sitzt ein dunkelhäutiges Paar, die Frau gibt ihrem Baby die Brust, es wirkt wie ein Gemälde. Ein blondes Mädchen mit Zöpfen starrt sie wie hypnotisiert an. Neben dem Mädchen sitzt eine elegant gekleidete Dame, die irritiert zusammenzuckt, als ihre Enkelin direkt auf das Paar zugeht und dem Baby über den Kopf streichelt. Die Mutter nimmt das Baby von der Brust, klopft ihm auf den Rücken und hält es dann dem blonden Mädchen entgegen.

»Wie alt bist du?«, fragt sie in gebrochenem Italienisch.

»Zwei«, antwortet das blonde Mädchen und hält zwei Finger hoch.

»Fast drei«, korrigiert die Großmutter.

»Wie heißt es?«, fragt das blonde Mädchen und deutet auf das Baby.

»Anele.«

»Und wie alt ist es?«

»Zweieinhalb Monate«, sagt der Vater. »Sie ist sehr klein.«

Das blonde Mädchen streichelt dem Baby über die Wange, die Großmutter verzieht das Gesicht, als würde sie denken:

»Jetzt haben wir den Salat, hoffentlich kein Ebola.« Ihre Abneigung ist förmlich greifbar. Das Baby scheint zu lächeln.

»Und wie heißt es mit Nachnamen?«, fragt das blonde Mädchen.

»Mbokany«, antwortet der Vater.

Das Mädchen versucht vergeblich, den Namen nachzusprechen.

»Nicht leicht«, sagt der Vater. Das Mädchen versucht es wieder, gerade als sich die Tür des Sprechzimmers öffnet.

»Der Nächste bitte!«, sagt der Arzt.

Die Großmutter steht auf und geht in Richtung Sprechzimmer.

»Priscilla!«, ruft sie, als sie fast auf der Schwelle steht. »Komm jetzt.«

Priscilla reagiert nicht, sondern starrt weiter fasziniert das Baby an.

»Deine Mutter ruft dich!«, sagt der farbige Mann.

Die gut gekleidete Dame wirft ihm einen genervten Blick zu. »Ich bin die Großmutter.«

»Ich glaube, das sollte ein Kompliment sein«, schalte ich mich ein.

Der Mann lächelt, die Großmutter nicht.

»Bokani!«, sagt Priscilla.

»Sehr gut, aber jetzt geh zu deiner Großmutter«, sagt der Mann, und Priscilla setzt sich in Bewegung. Die Tür zum Sprechzimmer schließt sich. Der Mann und ich sehen uns an, die Frau mit den gezähmten Locken hämmert weiter auf der Tastatur herum.

»Das sollte kein Kompliment sein. In meinem Land gibt es für Großmutter und Mutter nur ein Wort, und selbst nach drei Jahren in Italien mache ich das immer noch falsch.«

»Ach so, verstehe. Ich dachte, Sie wollten, dass sie sich jünger fühlt.«

»Jünger sein ist ein Kompliment?«, fragt er.

»Alt sein mit Sicherheit nicht«, ich lache.

Der Mann sieht mich an. »Bei uns ist das anders, alte Menschen werden am meisten respektiert. Deshalb hat man sie auch im letzten Krieg als Erste umgebracht.«

Ich komme mir vor wie ein Volltrottel.

»Aber wenn die Alten so wichtig sind, warum gibt es dann nur ein Wort für Großmutter und Mutter?«

Er sieht mich mit einem väterlichen Blick an, den ich nur zu gut kenne.

»Weil beide Leben geschenkt haben«, dabei deutet er erst auf seine Frau und dann auf sein Kind.

Was für eine Weltanschauung. So einfach und doch so großartig. Ich betrachte den Mann, seine aufrechte Haltung; seine Worte sind wohlüberlegt, er wirkt gebildet. Er ist mit seiner Familie hier, hat sie begleitet, während ich alleine bin, das blonde Mädchen mit der Großmutter gekommen ist und die Frau mit den gezähmten Locken noch nicht einmal den Kopf gehoben hat.

Ich kenne seine Geschichte nicht, ich weiß nicht, ob er mit einem Schlepperboot oder einem Privatjet gekommen ist, ob er Tellerwäscher ist oder in Oxford studiert hat. Aber ich muss unwillkürlich an den Blick von Priscillas Großmutter denken, an die Hetztiraden über die »Invasion« und die Ratschläge nach dem Motto »Hilfe zur Selbsthilfe«, um den Afrikanern zu Hause, in ihrem Land, zu helfen. Dabei braucht gerade unsere Welt Männer wie ihn, die uns an die Grundwerte des Lebens erinnern und die Augen für die Realität öffnen. Und die damit uns helfen. Bei uns zu Hause.

Frau oder Mama?

Im Kindergarten gibt es eine neue Mutter, die ich vorher noch nie gesehen habe. Vielleicht hat sie ihre Arbeitszeiten gewechselt, vielleicht komme ich früher als sonst. Die junge Frau trägt Leggings und Kapuzenpulli, die Haare sind mit einem himmelblauen Plastikband zusammengebunden. Wenn wir uns begegnen, lächelt sie mir zu und beobachtet, wie Melania und Ginevra zwischen den Spinden Fangen spielen, bevor sie in den Gruppenraum gehen können. Dann dreht sie sich um und lächelt noch einmal. Jeden Morgen.

Ich weiß nie, wie ich reagieren soll. Ist ihr Lächeln das Lächeln einer Mama oder das einer Frau? Nicht dass es einen großen Unterschied machen würde, aber Mütter und Väter leben in einer Blase, in einer Art Paralleluniversum. Das Elternsein spielt die Hauptrolle in ihrem Leben, bisweilen vergessen sie sogar, dass sie unterschiedlichen Geschlechtern angehören. Bei mir kommt erschwerend hinzu, dass ich zu Hause arbeite, mit der Folge, dass meine Blase auch noch heruntergelassene Rollläden hat. Für mich gibt es Paola und die Mädchen, mehr nicht. Ich brauche kein Licht von außen, das Licht in meinem Kokon reicht mir vollkommen aus. Ich glaube, dass es vielen Vätern so geht.

Im Kindergarten gibt es eine neue Mutter, die ich vorher noch nie gesehen habe. Wenn wir uns treffen, ist mein Blick müde vom fehlenden Schlaf, meine Augen sind verklebt, ich trage immer den gleichen Pulli, den einzigen, den ich in den vergangenen sechs Jahren gekauft habe, meist mit Spuckeflecken auf der linken Seite. Sie dagegen wirkt immer frisch und ausgeglichen. Wenn sie ihre Tochter anzieht, flüstert sie liebevoll mit ihr, dann richtet sie ihr sorgfältig die Haare. Ich kenne ihre Stimme, sie kennt meine, aber gesprochen haben wir noch nie miteinander. Ich weiß nicht, warum. Wahrscheinlich weil der Rest meiner männlichen Eitelkeit das Lächeln einer Frau den Worten einer Mama vorzieht. Jedenfalls bilde ich mir das ein. Eine schöne Vorstellung.

Es gibt eine Mutter, die ich jeden Morgen zu Hause treffe. Wenn ich im Arbeitszimmer bin und zeichne und die Rollladengeräusche im Schlafzimmer höre, lege ich meinen Stift hin und eile nach oben. Wenn sie noch im Bett liegt, schlüpfe ich neben sie unter die Decke, wenn sie im Bad ist, warte ich auf sie. Als Erstes fragt sie mich nach den Mädchen, ich sage immer: »Alles okay.« Dann lächelt sie, manchmal sogar nur mit den Augen.

Ihr Lächeln ist beides: das einer Mutter und das einer Frau. Mehr brauche ich nicht.

Der müde Papa

Heute habe ich einen müden Papa gesehen, die Augen geschwollen, das linke stärker als das rechte, als ob er sich mit jemandem geschlagen hätte. Er ist unrasiert und hat Mundgeruch. Vielleicht hat er schlecht geschlafen, vielleicht sogar überhaupt nicht. Der müde Papa stöhnt, als wollte er sagen: »Warum muss immer ich die Kinder in die Schule bringen?« Dazu dieser »Früher-war-alles-besser«-Gesichtsausdruck. Als die Frauen ausschließlich Hausfrauen waren und ihre Männer morgens um sieben aus dem Haus gingen und abends erst nach acht zurückkamen, nach dem Absacker in der Kneipe. Zu Hause herrschte Ruhe, der Tisch war gedeckt, die Pantoffeln standen parat, das warme Bad war eingelassen. Der Kontakt zu den Kindern beschränkte sich auf die Frage: »Wie geht's in der Schule?« Wurden die Kinder größer, kam die »Lass-mich-in-Frieden«-Phase, Türen wurden geknallt.

Der müde Papa von heute wirkt zögerlich, sein Blick ist abwesend, er denkt an die Arbeit, das Geld, die Probleme. Er sucht nach einer Fluchtmöglichkeit. Das Morgenlicht, das verheißungsvoll ins Zimmer flutet, bemerkt er gar nicht. Der müde Papa sinniert darüber, was sich ändern wird, wenn die Kinder älter und selbstständiger werden und er wieder mehr Freiheit hat, die Sorgen aber bleiben werden. Die Sorgen von heute werden durch die von morgen ersetzt, die nicht größer, sondern nur anders sind. So stelle ich mir das wenigstens vor. Heute kann ich das noch vor mir herschieben, später werde ich denken: »Warum hat mir das vorher keiner gesagt?« Sie haben es dir vorher gesagt. Aber das hilft dir nicht. Es vorher zu wissen, nutzt nichts. Der müde Papa atmet tief durch, fährt sich durch die Haare und räuspert sich: »Los geht's.« Er wendet den Blick vom Spiegel ab, setzt ein Lächeln auf und weckt die Kinder für die Schule.

Als Ginevra mir im Halbdunkel in die Arme springt, perlt die Müdigkeit von mir ab wie das Wasser an einer Gänsefeder.

The Day

Heute ist es so weit. Der Tag der Tage.

Der erste Versuch. Endlich. Zum ersten Mal seit ihrer Geburt soll Melania über Nacht bei meinen Eltern bleiben. Das Mädchen, das beim Anblick von über Achtjährigen Schreikrämpfe bekommt, außer bei Mama, Papa und Omas und Opas natürlich. Und zwar so laut, dass man sie in der Beringsee als Nebelhorn einsetzen könnte. Als Geleitschutz und Vertraute lassen wir ihr Virginia da. Mein Vater hat bereits die »Gedichte aus dem letzten Jahrhundert« bereitgelegt, meine Mutter durchforstet seit drei Wochen die Supermärkte, um auch ja alles richtig zu machen: »Sollten wir vielleicht … zu Hause haben?« Ich wollte sie nicht enttäuschen und sagte ihr lieber nicht, dass eine kleine Tüte Chips und ein Mini-Magnum als Bestechung genügen. Paola macht sich bereits seit Monaten Sorgen. Eigentlich schon seit letztem Jahr.

Alles ist bis ins Detail geplant. Ankunft im Haus der Großeltern zwischen vierzehn Uhr dreißig und fünfzehn Uhr, perfekt getimt, um Melania aus dem Mittagsschlaf zu holen, sodass die besonders schwierige Anfangsphase entschärft werden kann. Sie klebt an mir wie eine Muschel an einem Felsen, den Kopf in meiner Halsbeuge vergraben. Mein Vater versucht vergeblich, ihre Aufmerksamkeit zu gewinnen: »Ich bin's, der Opa, der Opa!« Paola unterhält sich in der Zwischenzeit mit meiner Mutter über ihr Lieblingsthema, das Wetter. Heute geht es um die vertiefende Betrachtung des Themas:

»Die Babson-Kurve, ein Vergleich der Regenhäufigkeit im Herbst 2015 und im Frühjahr 1982«. Die beiden anderen Mädchen versuchen, die Situation zu entspannen. Virginia baut den »höchsten Turm der Welt« aus Duplo-Steinen, Ginevra führt den Tanz der Eiskönigin auf und benutzt dabei einen Kinderriegel aus Omas geheimem Notfallschatz als Zauberstab. Gegen sechzehn Uhr stehe ich unauffällig auf und reiche Melania an ihre Mutter weiter. Paola setzt sich neben meinen Vater aufs Sofa, der durch ein Messingkaleidoskop blickt, das er 1956 zu Weihnachten geschenkt bekommen hat, und dabei singt: »Ich bin's, der Opa, der Opa!« Ich übernehme Paolas Rolle und setze das Gespräch mit meiner Mutter fort, jetzt geht es um »Finanzwissenschaften«, nur unterbrochen von der unvermeidlichen Frage: »Hast du den Strafzettel bezahlt?« Gegen siebzehn Uhr offeriert uns mein Vater seine Spezial-Knoblauchpizza, Paola täuscht Völlegefühl vor, während ich aus Höflichkeit ein Stück nehme, begleitet von einem »leichten Rotwein, höchstens neunzehn Prozent«. Es ist Zeit, wir wagen die Flucht. Ich bin vom Alkohol völlig umnebelt. Paola küsst Melania auf die Stirn und versucht, sie von mir zu lösen, Virginia lässt ihre Lieblingsfolge von »Peppa Wutz« laufen, in der Georg Schluckauf hat, Ginevra tauscht das Eisköniginnenkostüm gegen das von Rapunzel. Meine Mutter nimmt die schreiende Melania auf den Arm und sagt ganz ruhig: »Jetzt geht schon, es ist nur ein Kind!« Melania brüllt jetzt so laut, dass meiner Mutter fast das linke Trommelfell platzt, während mein Vater auch das rechte in Gefahr bringt, als er mit seinen aus Buchenholz und Flusskieseln handgemachten Rumba-Rasseln aus dem Jahr 1972 herumwedelt und dabei brüllt: »Ich bin's, der Opa, der Opa!«

Wir sind am Rande eines Nervenzusammenbruchs, als wir

endlich losfahren. Es dämmert bereits. Nur Rapunzel in ihrem Kindersitz ist zufrieden, als Einzige. Unseren Ausflug in die Stadt können wir uns sparen, denn finde dort mal einen Parkplatz am Samstagabend um achtzehn Uhr dreißig. Wir sind kaum losgefahren, da klingelt das Handy. Ich brauche nicht auf das Display zu sehen. Es ist meine Mutter, die fragt: »Meinst du, ich sollte …?« Im Hintergrund tutet das Nebelhorn, begleitet von der »Peppa Wutz«-Folge mit der Wespe auf der Torte, das Ganze umrahmt von Opa mit einer Mundharmonika aus dem Jahr 1973, dazwischen schmettert er die »Internationale« mit neuem Text: »Ich bin's, der Opa, der Opa.«

Mitten ins Herz

Jeden Morgen helfe ich Ginevra beim Gesichtwaschen. Dabei singe ich, so habe ich es von Geburt an gemacht. Quatschlieder, die wir selbst gedichtet haben, über Nasenpopel und Ohrenschmalz.

Heute wies mich Ginevra streng zurecht, als ich Wasser auf ihr Gesicht spritzte: »Schluss mit der Singerei!« Ich wollte wissen, warum. »Weil ich jetzt groß bin und es nervt.«

Virginia kam gestern von ihrer ersten Pyjamaparty bei einer Schulfreundin zurück. Um zehn Uhr morgens, die Kopfhörer des iPod auf den Ohren, stieg sie aus dem Auto von Leuten, die ich noch nie gesehen hatte. Sie erzählte, dass sie mit drei anderen Mädchen in einem riesigen Bett im Keller geschlafen hatte und bis Mitternacht aufgeblieben war.

Melania hat ein neues Wort gelernt: ciao. Erst war es »tao« oder »ao«, meist benutzte sie es eher zufällig, ohne zu wissen, was es bedeutet. Jetzt aber schaut sie dir in die Augen, sagt »Ciaoooo« und rennt los, als müsste sie den Bus noch erreichen.

Erste Signale, sich erweiternde Horizonte, kleine Anzeichen, dass die Dinge sich für immer verändern werden.

Khalil Gibran sagt in einem Gedicht, dass die Eltern die Bogen sind, von denen die Kinder wie lebende Pfeile ausgeschickt werden.

Was Gibran nicht sagt, ist, dass jedes Kind ein Pfeil mit zwei Spitzen ist. Wenn du ihn ausschickst, fliegt die vordere Spitze in hohem Tempo von dir weg, in eine Zukunft, auf die du keinerlei Einfluss hast. Doch die hintere schießt nach hinten los und bohrt sich für immer in deine Elternbrust. Um dich daran zu erinnern, dass du zukünftig zwar noch ein Bogenschütze bist, aber keine Pfeile mehr hast. Diesen unausweichlichen Prozess hast du schon bei der Geburt des Kindes geahnt, vom ersten Tag an, doch jetzt geht der Schmerz nicht mehr weg und wird dich dein ganzes restliches Leben lang begleiten.

Jeder Vater und jede Mutter sind durch diese Wunde auf immer vereint.

Diese nicht heilende Verletzung ist sogar stärker als die Liebe, die die beiden verbunden hat und verbindet. Sie hat sie von Liebenden in Bogenschützen verwandelt, von Komplizen in Versehrte. Und durch diese Pfeilspitze im Herzen lebt die Liebe weiter, egal was passiert.

**»Ted braucht mich so sehr wie ich ihn.
Er vertraut mir, und ich
vertraue ihm mein Leben an.«**

Eine seltene Erbkrankheit machte Wendy Hillings Leben jahrelang zum Albtraum. Jeder Tag konnte zur Qual, jede Nacht zum Überlebenskampf werden. Doch dann kam Ted – der Golden Retriever, der seitdem nicht mehr von ihrer Seite weicht. Er hilft ihr, die Hürden des Alltags zu bewältigen, und wacht über ihren Schlaf. Ted hat Wendys Leben inzwischen so viele Male gerettet, dass sie aufgehört hat zu zählen. Dies ist die ergreifende Geschichte einer unvergesslichen Freundschaft. Die Geschichte einer Frau und ihres vierbeinigen Retters.

PENGUIN VERLAG

Aufgewachsen in einer Trattoria und trotzdem ganz normal

Schwäbisch Gmünd, 1987. In der Trattoria »Zur Kanne« rufen die Gäste nach Weizenbier und Calzone. Tiziana, die Wirtin, ist im siebten Monat schwanger. Da passiert es: Papa Renzo kann gerade noch eine Tischdecke unter seine Frau schieben, und schon ist Jessica auf der Welt. Kaum geboren, gehört sie zur Einrichtung, und eine Zufallsgemeinschaft aus gemütlich-dicken Hausfrauen, Thekenleichen und warmherzigen Ami-Nutten wird ihre große Familie. Sie alle sind dabei, als Jessica laufen lernt, den ersten Kuss bekommt, wie sie Pesto mit Sahne kocht, so wie es die Deutschen mögen – und wie sie immer wieder darüber staunt, welch irrwitzige Wendungen das Glück im Leben so nimmt.